U0368796

你为什么不道歉

〔美〕哈丽特·勒纳（Harriet Lerner）著
毕崇毅 译

机械工业出版社
CHINA MACHINE PRESS

图书在版编目（CIP）数据

你为什么不道歉 /（美）哈丽特·勒纳（Harriet Lerner）著；毕崇毅译．—北京：机械工业出版社，2018.7（2024.4 重印）
书名原文：Why Won't You Apologize? Healing Big Betrayals and Everyday Hurts

ISBN 978-7-111-60128-9

I. 你… II. ① 哈… ② 毕… III. 人际关系学－社会心理学－通俗读物 IV. C912.11-49

中国版本图书馆 CIP 数据核字（2018）第 119537 号

北京市版权局著作权合同登记 图字：01-2018-0191 号。

你为什么不道歉

出版发行：机械工业出版社（北京市西城区百万庄大街 22 号 邮政编码：100037）
责任编辑：朱婧琬
责任校对：殷 虹
印 刷：河北宝昌佳彩印刷有限公司
版 次：2024 年 4 月第 1 版第 3 次印刷
开 本：147mm×210mm 1/32
印 张：6.375
书 号：ISBN 978-7-111-60128-9
定 价：45.00 元

客服电话：（010）88361066 68326294

赞誉

勒纳的作品总是发人深省，本书也不例外，值得每一位读者认真思考。

《纽约时报》畅销书《成长到死》(***Rising Strong***) 作者，布琳 · 布朗（Brené Brown）博士

勒纳是一位非常智慧的女性。她的行文流畅且充满吸引力，在不知不觉中以睿智和人性化的建议改变了我们的生活。读完此书，我敢保证你会对道歉这个话题产生全新的认识。

《束缚之爱》(***Mating in Captivity***) 作者，心理咨询师埃丝特 · 佩瑞尔（Esther Perel）

想了解如何向他人道歉并修补人际关系，你要读这本书。想知道如何应对不肯道歉的犯错者，你要读这本书。想更深入地认识人际关系，你还是要读这本书。一句话，这是我读过的最好的心理自助读物！

《拯救婚姻》(***Take Back Your Marriage***) 作者，明尼苏达大学家庭社会学教授威廉 · 窦赫提（William Doherty）

本书是一本既实用又深刻的作品，它能很好地指导我们应对非常棘手的人际关系问题。读完本书，你也能得心应手地对付生活中那些不肯道歉的人。

新泽西州跨文化家庭研究所主任，莫妮卡·麦戈德里克（Monica McGoldric）博士

勒纳以生动的案例再现了心理咨询室的真实故事，向我们展示了道歉的价值和力量，同时详细说明了如何做出道歉和接受道歉。这是一部很难得的作品，其中充满了对人际关系互动的细致入微的分析。无论是遭受过他人的伤害还是伤害过他人，我们都建议读者认真阅读这本书，因为它对每个人都有深刻的指导意义。

《亲爱的，让我们再一次心动》（***Making Marriage Simple***）、《放手去爱》（***Getting the Love You Want***）作者哈维尔·亨德里克斯（Harville Hendrix）、海伦·拉凯莉·亨特（Helen LaKelly Hunt）

勒纳以幽默的口吻轻松化解了我们在婚姻、家庭和友谊关系中受到的伤害。她对修复人际关系和赢得对方原谅等棘手问题的看法深刻且新颖，不但富有启发意义而且高度实用。

《出轨之后》（***After the Affair***）、《让我如何原谅你》（***How Can I Forgive You***）作者詹尼斯·阿布拉姆斯·斯普林（Janis Abrahms Spring）

一部观点深刻的作品，探索了人们之间的互相伤害，以及道歉在修补人际关系方面的巨大力量。无论是需要做出道歉的人还是接受道歉的人，都应当读一读这本书。

《有效道歉》(*Effective Apology*) 作者约翰·卡多尔 (John Kador)

勒纳的作品总是让人充满惊喜!

《学会感恩》(*Help,Thanks,Wow*) 作者安·拉莫特 (Anne Lamott)

勒纳的作品突破了简单意义上的道歉，为如何修复重要人际关系做出了有效指导。本书观点睿智且中肯实用，可以让读者终身受益，治愈众多破碎的家庭和人际关系。

《抱紧我》(*Hold Me Tight*)、《爱是有道理的》(*Love Sense*) 作者苏·约翰逊 (Sue Johnson)

一部独辟蹊径的力作！勒纳大无畏地带来了划时代的改变！令人叹服的新观点!

威尔斯利女性中心JBM培训学院主任茱蒂丝·乔丹 (Judith V. Jordan)

目录

Why Won't You
... Apologize

第 1 章

不同难度的道歉

我的漫画师朋友詹妮弗·伯曼有一幅作品叫《借口满天飞的男人》，其中我最喜欢的一篇配文是："不好意思，结婚时你又没问过我是不是有孩子。"还有《纽约客》杂志上的一幅漫画，漫画中父亲对长大的儿子说："我也想陪着你长大，真的，但那时条件不允许，店里事情又多，所以……"

虽然漫画描述的情节很荒唐，但实际生活中我们都曾遇到过这种振振有词的道歉，听起来完全变了味。这种道歉根本不起作用，甚至会让情况变得雪上加霜。

20多年来，我一直致力于研究道歉这一课题，研究为什么有些人无法做出真诚的道歉。当然，要想判断对方是否应该道歉或是歉意的表达是否令人满意，我们无须成为行家里手。当对方不够真诚、急于摆脱尴尬对话或是满口都是借口时，即使说了"对不起"也于事无补。

反之，真诚道歉带来的治愈效果几乎是立竿见影的。当别人向我真诚道歉时，我的怒火马上会一消而散，再大的愤懑也会消失得无影无踪。同样，如果需要向别人道歉，及时表达歉意也会让我感觉内心舒畅。特别是在做错事或行为失礼时，通过道歉修补人际关系是一种非常有效的问题解决方式。这么说倒不是因为我擅长道歉，比方说跟我丈夫史蒂夫遇到问题时，我只对自己的错误道歉（按我的想法），同时我希望对方能为他的错误道歉（也是按我的想法）。只不过在谁该为哪些错误道歉这个方面，我们的想法并不总是一致。

其实在针对某些人和某些事时，我们每个人都会对道歉这件事难以启齿。需要道歉的情形各不相同，有些好说，有些不好说。比方说，借了邻居的餐具忘记还很容易道歉，但是跟邻居的老公上了床就是另外一回事了。对于微不足道的无心之失，一句发自内心的“对不起”足以化解矛盾，但显然并不是所有的错误都可以这样轻描淡写地处理。

本书的写作目的，是帮助读者学会如何真诚有效地表达歉意，同时揭秘哪些是缺乏真诚、充满歧义和刻薄无情的道歉。除了手把手教你怎样组织诚恳的道歉，书中还用生动的案例说明道歉的重要意义，以及人们在道歉时为什么会把情况搞砸。此外，我还会和大家分享一些成功的例子，看看怎样在极为棘手的情况下利用道歉争取对方的宽恕和谅解。

本书同样适合那些因虚伪道歉（或对方毫无道歉举动）而受到伤害的人士阅读。当对方的冥顽不灵让我们倍感挫折时，我们可以逐步改变对话语气，走出不利局面。但是有些时候，无论我们怎么说或怎么做，对方都毫无悔意，意识不到自己有任何错误。实际上，错误言行造成的伤害越是严重，犯错者越是难以做出真诚悔改。面对这种情况，受伤害的一方该怎么做呢？

就像跳双人舞一样，道歉与和解也必须是双方之间的互动。在这个问题上，我们很多时候既是道歉方又是接受方。接下来我们就由浅入深地举例说明三种不同难度的道歉。

最简单的道歉

最简单的道歉是那种双方都未犯错时表达的歉意。此时的歉意表达不是在认错，而是对对方经历的麻烦表示感同身受（如“你经历这些实在太不容易了”），或是在为对方造成不便时表示歉意（如“真抱歉迟到了，路上有一起事故造成了大塞车”）。这里的抱歉表示我们理解对方的糟糕心情或麻烦处境，使用歉意表达方式可以表明我们的关注之情。

很多情况下，尽管表达歉意并不费力，但忘记说这几个字造成的影响却不可小觑。在生活的重压之下，有时候就连跟陌生人的简单互动都会影响我们一整天的心情，或是让人积极乐观，或是让人低沉失落。举个例子来说，超市里有个妇女的购物车碰了你一下，对方一言未发便匆匆离去，这件事虽不至于让人整日沉沦，但多少也会让心情受到影响。你暗自心想，对方没有道歉或许是因为对此等小事并不上心，满脑子在想别的事情，抑或是太过胆小，既不敢和陌生人有眼神接触，又不敢开口表示歉意。无论是哪种原因，这种感觉总归是不好的，而且它会让你郁闷上大半天。有时候遇到对方该道歉而未道歉的情况，那种郁闷感甚至比需要道歉的事情本身更让人受打击。

◇ 检查室里的漫长等待

在重要的人际关系中，哪怕双方在错误行为中都不负有责任，无法及时表达歉意也会使人际关系受到损害。我的来访者尤兰达就是这样，穿着紧身罩袍的她坐在检查室冰冷的椅子上，已经等了医生快一个小时了。

尤兰达郁闷地说：“最后医生终于来了，她什么也没说，连一句道歉也没有。我觉得她根本没把我当人看。没过多久，我开始为自己的过度敏感感到自责。”

觉得自己“过度敏感”，这是很多女性否定正常的愤怒和受伤情绪的常见做法。在医院待久了，你会发现患者都是感觉易受伤害的。但是在特定场合下，感觉比别人更容易受到伤害这一事实并不表明我们一定是弱小和逊色的。

尤兰达并没有以私心看待这件事，她从未怀疑医生迟到是因为偷着打游戏或是在和朋友短信聊天。她想听到的很简单：“抱歉让你久等了，刚才那个患者的病情诊断花费的时间超过了我的预期。”这位医生对自己的迟到未做只言片语的解释，这种做法无疑会对医患关系造成裂痕。显然，只需一句简单的“很抱歉”，医生就能让尤兰达感受到尊重、关爱和存在感。

中等难度的道歉

当我们确实感到歉疚，对做过的错事感到悔恨时，歉意的表达就有一定难度了。此时，哪怕一句迟来却简短贴心的道歉，也会极大地改善人际关系。

黛博拉是我的一位患者，她因为时间冲突，必须在一场会议中做报告而错过了妹妹的婚礼，这件事让她心中一直感到不舒服。由于这次会议早在妹妹斯盖伊决定婚礼日期之前就已安排好，黛博拉对妹妹要求自己出席婚礼的做法感到很生气，甚至认为她专门挑自己无法参加的日子办婚礼。但是到了婚礼举行那天，黛博拉对自己的决定感到很懊悔，意识到在这个重要日子，她应当陪伴在亲人的身边。

这件事情很快过去了，但两姐妹之间的怨恨却日益加深。一开始，黛博拉根本没有向妹妹道歉的念头，她反倒认为斯盖伊应该向自己道歉。黛博拉向我抱怨说，她怎么能不事先考虑我的时间安排就自作主张确定婚礼日期呢？后来，黛博拉意识到在妹妹婚礼那天选择去参加会议是个很大的错误，从此她再也不愿主动谈起这件事。在她看来，此时道歉已经无济于事，只会把问题放大，让姐妹关系变得更加紧张。

几年后的一天，黛博拉不知怎的心血来潮，给斯盖伊发了一封邮件说："自从错过你的婚礼，做出错误决定之后，我从未告诉过你我有多么内疚。那天在会议上做报告时，我不停地问自己究竟是怎么了，怎么会为这样愚蠢的决定去找借口。”很快，妹妹回邮件了：“怎么？你才知道自己这么犯浑啊？:-)”

虽然邮件并不是正式道歉的良好方式，但是在这个案例中，黛博拉姐妹在交换内心真实想法之后马上消除了精神上的重负。她说：“这种感觉很奇妙，不知何时被打破的人际关系一下子又恢复了满满的信任感和亲密感。”

高难度的道歉

对于昔日的错误做法，人们要想重提往事和表达愧疚无疑需要巨大的勇气。这或许是因为我们不愿令人反感，或许是担心对方不肯接受道歉，导致结果变得非常难堪。通常，如果不是对方首先提起往事，我们往往很难主动道歉。实际上，玛格丽特的经历表明，要想消除当下内心的愧疚感，我们最好还是主动为犯下的错误表示歉意。

玛格丽特的女儿伊莲娜是一位单身母亲，伊莲娜的二儿子克里斯汀长期在医院卧病在床，16 岁那年不幸离世。玛格丽特是位善于持家的外祖母，在女儿日夜留守医院的那段时间里，一边照顾 3 岁的小外孙，一边井井有条地操持着家中的大小事务。

但是玛格丽特忽略了和女儿在情感上的沟通。这位典型的英国老妇人习惯以处事不惊的态度面对生活中的艰难，认为凡事都应当逆来顺受，坚忍沉默。尽管深爱自己的女儿，但玛格丽特觉得伊莲娜必须走出痛苦，同时自己也要压抑内心的忧伤。出于对女儿和自己的保护，她从未表现过悲伤之情，也从来没问过伊莲娜是怎样排解丧子之痛的。即使偶尔看到女儿在哭泣或难过，她也只会淡淡地说："坚强点，孩子需要你。"

10年后，玛格丽特的同事兼好友乔治也经历了丧子之痛。他的经历一下子勾起了玛格丽特多年来隐藏在心底的悲伤。在看到乔治毫不掩饰地表达痛苦和接受来自身边的关爱时，玛格丽特的内心出现了细微的变化。她不由地扪心自问，在外孙离世这件事上，自己要求女儿的应对方式是否合适？

后来，乔治丧子这件事被刊登在了当地报纸上，玛格丽特自己也没想到，她会鼓起勇气问女儿有没有读到这篇报道。她说自己从未停止过思念外孙，后悔当年没有和女儿进行过情感沟通，因为那时她根本不知道该说什么，只怕谈起这件事情会让女儿更加难受。母女俩对如此重大的事情无法情真意切地交流，这实在是她们生命中最为惨痛的损失，这一点让玛格丽特感到非常内疚。

对母亲的这番话，伊莲娜的第一反应并不令人感到意外。她平淡地说："这件事谁也没办法，你也改变不了，不用费心了。”看得出，伊莲娜简直和她母亲是一个模子里刻出来的。

关于道歉这件事，我们发现最有意思的部分往往发生在歉意表达之后。母女交谈这件事之后，尽管都没有再次提及，但玛格丽特已经不再像当初那样难以开口表达内心感受了。几个月后，随着克里斯汀忌日的临近，玛格丽特很想到外孙的墓地去献花。自从外孙的葬礼之后，这还是她头一次有这样的想法。她在闲聊中向女儿透露了这一信息，伊莲娜不动声色地说会安排行程，带母亲一同前往。

在前往墓地的路上，玛格丽特才得知女儿过去十年中每年都会两次来给孩子扫墓。站在克里斯汀的墓碑前，玛格丽特忍不住抽泣起来。悲痛之情的突然宣泄让玛格丽特自己也感到意外，因为她从未在这件事上掉过眼泪，其他场合就更不用提了。更出人意料的是，伊莲娜抱住了母亲，两人开始一起痛哭。

在这个案例中，玛格丽特的道歉行为无异于一场冒险。在她的成长环境中，欢快嬉乐是一种备受压抑的情感表达方式，奋斗自立（凡事都不依赖他人）几乎像戒条一样被高度信奉。拥有这种心理模式的人在向他人道歉时，势必会展现自己最为柔软的一面，陷入极大的未知风险当中。毕竟，她从未见识过该怎样向人表达歉意，踏出如此全新的一步需要极大的勇气。

更进一步

实际上，生活中还有很多比玛格丽特的案例更为棘手的涉及道歉的情况。例如，我们会遇到认为我们应当道歉（但实际上并非如此）的人。有些人一受伤害就喜欢抱怨，喜欢把问题推到别人身上，指责别人是造成他们痛苦的罪魁祸首（实际情况并不是这样），这种情况就很难处理。我们必须清楚的是，哪怕对方再喜欢胡搅蛮缠，人际关系和个人品性的成功维护都和我们承担个人责任的能力密不可分。

在接下来的章节中，我们将探讨道歉这种沟通方式蕴含的力量和潜在的陷阱。例如：

- 人们为什么难以明确表述自己的责任？为什么会对伤害他人的言行感到懊悔？
- 拒绝道歉者和喜欢过度道歉的女性有何行为动机？
- 为什么犯错最严重的人最难坦承错误？
- 怎样分辨谁该承担哪些责任？
- 受伤害的一方会怎样在不知不觉中导致犯错方出现防御心理并拒绝道歉？
- 当犯错方歪曲事实或反咬一口时，我们怎样才能摆脱愤怒和痛苦的感受？
- 人们无法停止憎恨前任（或其他人际关系）的真正原因何在？

在有关道歉行为的研究中，或许最让人感到头疼的问题是如何对待死不悔改的犯错者。对于这一普遍存在的人际问题，目前通用的解决办法只能是保持宽恕。但本书观点认为，我们不必为了摆脱愤怒和痛苦的折磨而去宽恕伤害过自己的人。有时候，我们必须勇于抵制来自道德说教者的压力。

对表达歉意和接受歉意的双方来说，是否需要道歉和修补人际关系，完全取决于人性的考量。人人都追求公平正义，只要你的道歉真实诚恳，接受歉意的一方肯定能感受到那份真诚。正所谓人非圣贤，我们每个人都会犯错和标榜自我。正因如此，能否真心实意地向他人道歉，几乎是渗透于所有人际关系中的一项重要挑战。

在我们的一生中，人人都在轮流扮演加害者和受害者的角色。值得庆幸的是，我们知道自己有责任明辨是非。无论对方如何反应，至少我们很清楚在面对问题时该怎样展现出自己最好的一面。

Why Won't You
••• Apologize

第 2 章

五种错误道歉方式

有不少人虽然知道道歉，却总是无法掌握正确的方法。每次他们说完“真抱歉”，对方还是愤愤然不肯罢休。为此，我们有必要了解一下常见的错误道歉方式，只有这样，才能学会正确的方法。

有效的道歉不只关系到哪些话该说哪些话不该说，更重要的是要明白为什么这么说。接下来我们要介绍五种错误的道歉方式，然后看看怎样用真诚的道歉来赢得宽恕和化解干戈。

“但是……”型道歉

作为人之常情，受到伤害的一方总是希望听到发自肺腑的道歉。如果你喜欢在道歉之后加一句“但是……”，对方的感觉马上就会变味儿。千万要注意这两个字，它会给人感觉你在找借口，会把前面传达的所有信息统统抹掉。无论你在“但是”部分说明的情况是否属实，这句话都会让道歉行为变得虚伪。这种表达方式的潜台词是：“你看，在那种情况下，我的粗鲁 / 迟到 / 刻薄语气完全可以理解嘛！”

来看看桃乐丝的例子，家庭聚会上，每个人都忙得不亦乐乎，只有她的妹妹坐在那里无所事事，这让桃乐丝感到很气愤。因为按捺不住怒火，她当着一家人的面向妹妹吼道：“你又不是客人，帮着洗个碗会累死你啊？”这番话显然没有起到好效果，妹妹沉着脸走开了，整个晚上都闷闷不乐。

桃乐丝感觉很糟糕，回家几天后，她打电话向妹妹为当晚的失礼道歉：“那样吼你是我不对，但是你真不知道我忙成什么样，这让我想起小时候，每次都是我帮妈妈干家务而你躲在一边玩，她却从来都不说你。很抱歉我态度有些粗鲁，但是总要有人告诉你该怎么做才行啊。”

当桃乐丝向我抱怨妹妹对她的道歉无动于衷时，我得出的结论是：“你这根本不叫道歉。”显然，带着以前的怨恨和愤怒向别人道歉，桃乐丝很难真诚地表达自己的歉意。站在她妹妹的角度，我甚至能感觉到这种道歉带来的简直是羞辱。这份道歉表达的潜台词是，你（妹妹）在家庭聚会上表现得像个被宠坏的孩子，实际上这么多年来你一直都是这样我行我素，所以“我才出于好心告诉你该怎么做”。

实际上，如果桃乐丝没有那句但是，只为自己的粗鲁行为表示歉意，或许妹妹很容易接受她的道歉。没有这句败事有余的“但是”，妹妹反而会降低戒备心理，反思自己在家庭聚会上的行为是否合适。

桃乐丝的本意是好的，她说：“我是想让妹妹明白为什么我会反应过激，让她明白（不作为）这件事已经由来已久。”

遗憾的是，桃乐丝的本意虽好，但涉及的是另一个问题，你可以另外找个合适的机会跟对方开诚布公地探讨。记住，真诚的道歉往往简短直白，千万不要添加什么自我辩解，这样只会把情况搞得更糟。道歉不是解决潜在问题的唯一机会，而是为彼此搭建未来沟通平台的机会。这是一个非常重要而又经常被人忽视的区别。

逃避责任式道歉

“很抱歉让你烦心了”，也是一种虚伪的道歉。真诚的道歉关注的是道歉者的错误行为，而不是接受道歉一方的情绪反应。

我们来看看里昂的例子。里昂是一位机构主管，负责宣传方面的工作，邀请我为员工举行一次讲座。这家机构有一张我20年前的宣传照片，我希望里昂能把它换成近期的照片。我对他说：“麻烦你换成这张照片，起码到了会场能让观众认出是我。”

或许是无心之失，或许是里昂觉得年轻的照片能吸引更多观众，他在网上宣传时使用的还是老照片，甚至在我指出这一错误之后，仍把老照片用在了印刷版的宣传资料中。下面是我们在这件事发生之后的对话。

我：怎么回事？你在网上发布的是我20年前的照片，我都跟你说了弄错了，结果宣传册上印的还是老照片。

里昂：我用的是存在我电脑里的照片，有那么多事情要关注，我哪能关注到每个细节？我也做不到样样完美。

我：这不是完美不完美，我就是想用近期的照片。

里昂：好吧，我很抱歉，没想到照片这件事对你这么重要。在这件事上，我真觉得观众们没你那么较真。

我：问题是我跟你说过要用我提供的照片啊。

里昂：好吧，我向你道歉，在使用照片这件事上让你烦心了。我真不知道这个问题对你来说这么敏感。

里昂的道歉毫无诚意可言，他的做法是把问题推到我身上，暗示是我的吹毛求疵或虚荣心造成的问题，而不是他不按约定行事造成的问题。如果他是我的来访者，我会用客观的态度进行观察，看他是怎样混淆黑白和逃避责任的。可惜我不是他的心理医生，里昂的无能、失礼和强词夺理让我感到非常愤怒。既然你毫无悔意，既不纠正在网络宣传中出现的错误，又责怪我无事生非小题大做，那你向我道歉又有什么意义呢？或者是，里昂很清楚自己所犯的错误，但是不愿为此承担责任。无论哪种情况，与其虚伪道歉并反咬一口，还不如不要道歉，这样只会让道歉者更加振振有词和变本加厉。

里昂的做法看似无害，实则阴险，这是一种常见的逃避责任方式——我的道歉针对的不是错误行为本身，而是为你带来的糟糕情绪。比方说，“在聚会的时候我出言反驳，真抱歉让你感到很尴尬”——这句话算不得道歉，因为它模糊了犯错者应承担的责任。这种道歉会让人感觉你处于道德制高点（毕竟我道歉了），但实际上把承担错误的责任推给了对方。这等于是说：“嘿，我不过是提出了几条中肯的评论你就受不了了，那好，我很抱歉，真不该让你下不来台。”对于这种情形，真诚的道歉应该是这样的：“真抱歉我篡改了你陈述的内容，这样很无礼，我保证下次不会再犯。”

◇“要是……”型道歉

“要是”这个词也会让道歉接受者怀疑自己的情绪反应，例如“要是我太敏感了，我向你道歉”“要是你觉得我的话太冒犯，我向你道歉”。可以说，几乎所有以“要是……”开头的道歉都不是真诚的道歉。诚恳的道歉应该是这样的：“刚才的话太伤人，真对不起，是我这人没脑子，我保证不会再有下次了。”

“要是……”型道歉还会让人感觉道歉者居高临下的态

度。有一次在公司会议上，我的来访者查尔斯讲了一个歧视女性的无聊笑话。后来他向自己的女上司道歉称：“要是我的话让你感觉不舒服，我很抱歉。”结果对方一句话把他顶了回去：“得了吧，查尔斯，你那烂笑话对我不起任何作用。”这番话里暗藏的怒火让查尔斯很疑惑，他没想到这份道歉让人感觉毫无诚意，他不过是在暗示自己的上司是个过度敏感的女性。

好吧，我可不想在这儿咬文嚼字。但我真心希望各位注意这种以“要是……”开头的道歉，因为这种道歉者其实并没有多少诚意。

令人困惑的道歉

我的一位来访者是个暴脾气，经常因为各种小事对儿子破口大骂，比如车库门没关好等。过了一会儿看到孩子垂头丧气的样子，他便道歉称：“儿子对不起，我的话让你难过了。”无论什么事，他都是这样表达歉意的。

他的儿子对我说：“我很讨厌这种道歉方式，不知道为什么总觉得不舒服。”这个孩子感觉到了问题，但无法确定是什么原因导致父亲的道歉总是模糊不明，导致应当承担责任的主体不清不楚。他只知道父亲的道歉让他感到很不舒服，不知所措。

说到这个父亲的错误，它反映出的倒不是道歉者的强词夺理或逃避责任，而是具有典型特征的焦虑型家庭的令人困惑的思维方式。无论任何组织系统，焦虑程度越高，个体对他人的感受和行为（而非对自我感受和行为）所负的责任就越大。受此影响，人们往往会做出混淆因果关系的判断，如“向你爸爸道歉，你让他头疼了”。实际上，正确的判断应当是这样的：“向你爸爸道歉，你明知他头疼还把音响声音开那么大。”

◇“看看你做了什么！”

下面来举个例子说明令人困惑型道歉。这件事发生在几十年前，那时我的儿子马特才六岁，有一天，他和同学西恩在一起玩，不知怎的，马特从西恩手里抢走了玩具，怎么也不肯还给对方。西恩没有办法，趴在地板上哭闹起来，一边哭一边咚咚地用头撞击地板。

西恩的妈妈就在旁边，她马上跑过去，开始声色俱厉地教训孩子。奇怪的是，她既没有阻止西恩停止撞击，也没让马特归还玩具，而是这样斥责马特：“马特，看看你做了什么？”她指着哭闹不停的西恩说：“看你干的好事！你让西恩在不停撞地板，马上向他道歉！”

马特一头雾水，这也不能怪他。这位妈妈让马特道歉，不是因为他抢了西恩的玩具，而是因为西恩在不停地用头撞击地板，这难道不奇怪吗？换句话说，她要马特承担的责任不是“抢玩具”这一错误行为，而是另一个孩子的举动。马特把玩具还给对方，一句话也没说便走开了。后来我告诉马特，他应该为抢玩具这件事道歉，但西恩用头撞地板这件事并不是他的过错。

如果当时马特为西恩的行为承担责任，这份道歉就会给他带来毋须有的麻烦。换句话说，他要承认的是自己没做过也不会做的事。同样，这样做也会给西恩带来风险，他会拒绝接受自我管理愤怒情绪的能力和责任，以后都用撒泼打滚的方式来解决问题。

“讨价还价”式道歉

“讨价还价”也是一种会让道歉感觉变味儿的错误做法，道歉者似乎理所当然地认为只要道歉了，对方就必须宽恕和谅解自己。如此一来，道歉仿佛变成了对对方的慰藉。实际上，道歉不应被视为人际关系中讨价还价的筹码，不能认为只要道了歉，对方就必须宽宏大量地既往不咎。

在密切的人际关系中，“你能原谅我吗”“请原谅我吧”，这些都是重要的仪式化表达，不能轻易脱口而出。当然，如果在这样的人际关系中，受到伤害的一方认可并接受你的歉意，请求对方谅解并无不可。但是，如果道歉者期望或要求对方的宽恕，或是在时机并不成熟时要求对方的谅解，结果只会把道歉搞砸。下面我们来看一个例子。

唐恩同意 14 岁的女儿跟机车好友出去兜风，他的妻子西尔维娅禁止这样做，唐恩一直以来都遵守这一规定。但是这次他食言了，还让女儿保守秘密，因为妻子知道后一定会大动肝火。

几天后，女儿意外说漏了嘴，西尔维娅得知后快气死了。对于自己的错误行为（允许女儿骑摩托车兜风和约定保密），唐恩表现得满是悔意。他不停向妻子道歉，发誓绝不再犯，然后便力求西尔维娅原谅自己。

当妻子表示无法原谅时，唐恩就继续施加压力，对她说："我知道这次错得离谱，你会有好一阵子生我的气。如果有什么办法能改变这种情况，请告诉我。"

唐恩坚持请求原谅的做法让西尔维娅很苦恼，这种压迫让她失去了自我恢复的情绪空间，无法做到真心实意的宽恕，即使原谅对方，感觉也像是被逼无奈的结果。更糟的是，几次请求宽恕失败后，唐恩开始对她发起火来。这下子让西尔维娅感觉事情好像翻了个，唐恩居然成了受害者，这让她更加无法原谅对方了。

不难看出，如果犯错的一方道歉之后马上要求得到原谅，这种做法会压缩受伤害方必需的情绪恢复过程。在道歉方的请求下，后者心肠一软往往会草率地原谅对方，殊不知这样会剥夺自己必要的体验愤怒和痛苦的过程。

真诚道歉时，每个道歉者都希望能获得对方的谅解和宽恕，但是这种宽恕不能强求，否则它会让对方感到为难，让这份道歉变得面目全非，甚至造成更大的伤害。真诚的道歉，需要给对方足够的时间和空间去化解伤害，只有这样才能达到道歉的目的。

令人反感的道歉

对那些压根不愿跟你对话的人来说，最好的道歉方式莫过于闭口不言。

有个叫丽萨的女人，睡了好友塞丽娜的丈夫，这件事让塞丽娜怒火中烧，明确表示不想再和丽萨有任何联系。塞丽娜开始努力忘掉丽萨，在绯闻公开后和丈夫一起挽救摇摇欲坠的婚姻。

几年后丽萨参加了戒酒互助会的辅导班，导师鼓励她回忆做过哪些伤害别人的事，建议她打个电话过去道歉，弥补自己所犯的错误。通过联系共同好友，丽萨找到了塞丽娜的电话号码，留言称和其丈夫出轨是自己这辈子所犯过的最大的错误。她希望能找个机会和塞丽娜见面，跟对方说说内心的想法。

丽萨的语音短信再次揭开了塞丽娜的伤疤，对方希望见面的请求让她好不容易平复的心情重新燃起怒火。后来丽萨又发过一次语音信息，补充道："如果你能听听我对这件事的陈述，或许会原谅我的所作所为。"明智的塞丽娜选择了不做回应，丽萨只好写信再次表达同样的请求。这一次，塞丽娜看也没看就把信件丢进了垃圾桶。对她来说，丽萨的请求无异于对自己的再次侵犯。

丽萨的确需要原谅自己，但是这种自我宽恕过程不应让塞丽娜卷入其中。要知道，道歉的目的是平息和缓和受伤害一方的情绪，不能为了自我辩解、摆脱内疚或促进恢复过程而去骚扰或纠缠对方。丽萨在心理辅导班上学到的补救方式，只有在不会对对方或他人造成伤害的情况下才适用。毕竟，不是每个人都能在这种事情上做到宽宏大量。

Why Won't You
... Apologize

第3章
其他可能破坏人际关系的道歉方式

我的侄女有一次对我说："你来听听这条录音，说话的人是我以前的同事，这个人有事没事总是把抱歉挂在嘴边，让人觉得不胜其烦。无论你想跟她说什么，结果都变成对对方的不停安慰——'没事的''不要紧'。"

在对话中，如果有人不喜欢表达歉意，通常情况下都是由女性主动示弱来承担这一角色。我们这一代女性，从小就被教导要做别人的出气筒，凡事都要主动检查自己有哪些地方做得不够，以至于鸡毛蒜皮的小事也要把责任全部揽到自己身上。对此，喜剧演员兼作家艾米·波勒（Amy Poehler）曾这样说过："对女性来说，简直要花一辈子才能摆脱处处示弱和事事道歉的心理模式。"

我有一位来自加州的朋友就是这样，她的道歉多到简直令人想把她踢到桌子底下的地步。上次我们和另外几位朋友在餐厅吃饭，服务员还没端上茶水的工夫，她已经向别人道了五次歉！（我可是扳着指头数的！）

"那个……真抱歉，你是想坐在窗户旁边吗？""抱歉打断你说话了，请继续。""抱歉，这份是你的菜单吗？""抱歉，你准备点菜了吗？"有时候走在狭窄的小道上，我们俩不时会碰到对方，她也是一连串"抱歉抱歉"，哪怕大多数情况下是笨手笨脚的我先碰到的她。我敢肯定，就算我把她撞个人仰马翻，她也会忙不迭地说："哎呀，真是抱歉……"

这种做派之所以让我恼火，是因为我是不拘小节的纽约客，而她是每次吃饭都会在盘子里保留些许食物，处处讲究礼仪的南方淑女。她的每一次道歉都彬彬有礼且恰到好处，让人不由得猜测是毕业于“女子道歉礼仪学校”的。我们自大学时代就是好友，她也知道我对她关爱有加，因此我总是忍不住拿这个名头来揶揄她。尽管有人喜欢这种优雅礼仪，但我真心觉得她这道歉实在太频繁了。

实际上，就连很多颇具女权主义思想的女性也摆脱不了这一毛病。女权主义学者玛吉·尼尔森（Maggie Nelson）曾这样写道：“多年来我一直在努力克服提笔写信就抱歉的坏毛病，不然的话，我的每一封信开头都是一样的用词——‘抱歉这么晚回复邮件’‘抱歉给您带来的困扰’，抱歉这个、抱歉那个……”

注意，不要在毫无意义的小事上反复道歉，在真正重要的问题上表达歉意才让人觉得诚恳。

◇ 人们为什么会过度道歉

过度道歉的行为动机是什么？这个问题很难说清楚，它可能是自卑的表现，权力感的缺失，下意识地想要避免可能出现的批评或否定，急于讨好或取悦他人，隐藏的内心深处的羞耻感，或者是对自身高级礼仪的炫耀。也有可能，这种挂在嘴边的“真抱歉”不过只是口头禅，是一种经过多年熏陶形成的抹杀自我意识的女性日常表达，听起来就像复读机一样了无新意。

要纠正这一行为，实际上无须了解其促成动机。如果你有这种毛病，记住少说就好。比方说你借朋友的餐具忘了还，没必要没完没了地对不起，你又不是轧死了他们家的猫。过度道歉不但会让人产生距离感，还会打断正常的对话，让人们感觉不胜其烦。这样一方面会让你的朋友感到苦恼，另一方面当你需要为重大事宜道歉时，还会让他们感觉缺乏真诚。

分清界限

要做出真诚的道歉，必须体谅对方的感受，并认识到自己的错误。缺少真情实意的道歉，听起来机械枯燥且毫无悔意。但是，夸大自己的错误也不可取。对于自己行为给对方造成的伤害，夸大其词的道歉同样也不真诚。我们来看看下面的例子。

在一次意外事故中，艾米驾驶的车辆闯过停车标志，撞到另一辆车上。当时，她 16 岁的女儿瑞贝卡坐在副驾驶位置上。艾米只受了点儿轻伤，瑞贝卡比较严重，先后接受了两次手术，后来还做了一段时间的康复理疗。

艾米是个很好的驾驶员，这是她第一次出事故，这种情况在任何人身上都有可能发生。这件事让她倍感内疚、伤心和懊悔。事故发生后，女儿从未指责过她，在这件事上也没有过任何怨言，此举反而加重了艾米内心的伤痛。为此，她每天都在不停向女儿道歉，想她诉说内心的懊悔，请求她的原谅。有时瑞贝卡情绪不佳或是伤痛难忍时，艾米时常会掩面而泣，最后反而成了女儿来安慰母亲。每一次，艾米都会难过地说："要是受伤的是我该多好，只要你好好的，让我怎样都可以。"

时间一长，瑞贝卡开始感到厌倦和恼火，为妈妈总为这件事长吁短叹感到无比郁闷。一天早上，实在忍无可忍的她对母亲大声喊道："够了！伤痛在我身上，我自己会承受，你就别再添乱了！"艾米这才意识到自己的问题，后来她参加了我的心理治疗班，内心的内疚和痛苦得到宣泄之后，她再也没有向女儿施加过类似的情绪。

在这个案例中，艾米表现出了真诚的内疚和悔意，女儿也确实看到了母亲巨大的悲痛。没有这种真情实意的流露，艾米不可能向孩子做出有效的道歉。但是凡事都要有度，过于强调自己的悲伤感受而一发不可收拾，只会让女儿产生心理负担，反过来她还要照顾母亲的感受。这样一来，瑞贝卡的情绪就无法得到释放，无法集中精力使病情得到恢复。

◇ 有效道歉关注的是对方的感受

有效道歉应当充分关注受伤害一方的经历和感受，而不是把自己（道歉方）的情绪时刻挂在嘴边。从上面的案例可以看出，如果对话结果成了受伤害一方反过来关注你的感受，那肯定要出问题。这种情况一旦发生，你就失去了做出真诚道歉的机会，如对方在对话中产生非常糟糕的感受。

我曾在明尼阿波利斯举办过一次愤怒情绪管理研讨会，34 岁的社工玛丽在会上对我说："我跟母亲的沟通问题是，只要我的话有一点儿批评的意味，她都会感到非常内疚。这种事经常发生，每一次她的道歉都充满自责，我不得不安慰她，说她是个称职的好母亲，已经尽到了自己最大的努力。每次过后，我都感觉糟糕透了。"

道歉后表现得绝望无助，恨不得让对方马上反过来安慰自己，这不是道歉，而是情感绑架。虽然嘴上在说对不起对方，实际上你给人的感觉是他对不起你，因此受伤害的一方理应理解你的处境有多悲惨，明白你的自责自悔有多深刻，意识到也许你以后都不必再开口道歉了——这显然不是真诚的道歉。

此外，过度道歉也可能是比较隐蔽的自我防护方式。如果受伤害一方觉得有必要缓解加害方的情绪压力，你可以以此作为削弱情绪反应和自我辩解意识的信号。说到底，真诚的道歉关注的目标不是道歉方，而是道歉接受方。要想做出情真意切的道歉，应当关注的是受伤害方的愤怒和痛苦。

不要轻描淡写

轻描淡写的道歉也会令人感到厌恶。有一次我去芝加哥看望朋友，在酒店电梯里被困了 45 分钟，让我感觉像 45 年那么漫长。当时已是午夜时分，电梯里的警铃不起作用，这可真是一次可怕的体验。

后来我得知这个酒店的电梯已经多次出现过故障，但一直没有得到彻底修理。我打电话到相关部门，还向负责人写了投诉信，对方答复称："对于由此给您造成的不便我深感抱歉，我们会尽快处理这一问题。"

听听，她说的可是"不便"！我心中暗想，你们酒店也太怠慢了吧，你怎么不来电梯上体验一把午夜"不便"呢？这种措辞显然令人失望，如果对方是你人际关系中非常重要的人物，轻描淡写的道歉无疑会给他们造成极为深刻和深远的负面影响。

此外，缺乏补救行动的道歉也会让人感觉空洞虚伪。我有两位朋友是一对夫妇，他们两人的日子一向都过得比较紧，最近为了庆祝结婚一周年，两人决定在堪萨斯城一家饭店奢侈一把，没想到却经历了非常糟糕的餐厅服务。大概是因为那天厨房人手不足，他们点的开胃菜很久都没有端上来，主菜更是等了个地老天荒，就连结账也让人等到忍无可忍。在进餐厅时，这对夫妇明确表示已经买好了当晚音乐会的门票，必须准时离开餐厅，因此服务员不可能不知道他们的情况。

无奈之下，女士只好向服务员投诉，要他们向餐厅经理反映。餐厅经理表示“非常抱歉”，称会到厨房核实情况。在道歉过程中，这位经理至少说了三次“非常抱歉”。

但是在我看来，他还有几句话忘了说，比方说“今晚酒水免单”或“开胃菜算餐厅请客”。简而言之，这位经理虽然满口对不起，但没有做出任何试图纠正错误的举动。这样做倒是给自己省了几个小钱，但我敢说这对夫妇从此绝对不会再光顾这家餐厅，更别说介绍朋友来这里吃饭了。

对于人际关系而言，无法改正行为错误也会造成严重的负面影响。比如你把咖啡洒到了朋友的地毯上，道了十次歉也没帮人家清洗或是掏钱送到洗衣店，这怎么能算真心实意的道歉？再比如，你说会在好友生日那天出城去玩结果没做到，这时光道歉还不够，你要主动提出经过深思熟虑的替代方案，补救由此给对方造成的伤害。

正确有效的道歉

错误的道歉不仅存在于人们的日常交往过程中，在虚情假意、责任缺失和相互攻击指责的公众和政治场合，道歉也是非常常见的一种行为。在进行道歉时，有关公众人物（如政客、明星、商贾和群体领袖）阴险圆滑用语的描述可谓多矣，比方说什么“事已至此……”。实际上，我们每个人在道歉时都免不了虚饰几分，很多时候这样做甚至完全是下意识的。

正确有效的道歉需要开门见山直奔主题。在作品《有效道歉》（*Effective Apology*）中，作者约翰·卡多（John Kador）对道歉的定义和大多数观点保持一致。他认为：“当我们需为冒犯或委屈他人而承担责任时，我们应当道歉，以直接、明确和人性化的方式表达悔意，同时做出弥补，并保证以后绝不再犯。”换句话说，真诚有效的道歉不能有“但是/可是”这样的字眼，也不能轻描淡写或令人困惑。遗憾的是，在现实生活中，我们总是看到各种道歉流于形式，使人们无法意识到各自应负的责任，搞不清楚究竟在为何事道歉。

另外，关于道歉并没有放之四海而皆准的通则。盖瑞·查普曼（Gary Chapman）和詹妮弗·托马斯（Jennifer Thomas）在《道歉的五种语言》（*The Five Languages of Apology*）中指出，正确的道歉方式取决于接受道歉的目标。这是因为每个人对于道歉表达的接受程度不同，你认为这样的表达足够真诚，但换一个人可能不这么想。同样的表达可以让你心平气和，对别人来说或许会感到失望甚至恼怒。有的人听到一句“我错了”就能感到释怀，但其他人不一定这么想，他更希望听到“我保证以后绝不再犯”，只有这样的道歉才能让他们不再耿耿于怀。

此外，道歉的内容也很重要。对于严重错误或巨大伤害，一句“对不起”不过是道歉的一个开端，接下来还要做很多事情才能使错误得到纠正，伤害得到弥补。下一章我们要介绍的是高风险场合下的道歉方式，这种场合往往十分尴尬，道歉者必须敞开心扉去聆听对方内心的愤怒感受。可以说，全心全意聆听对方的感受既是一种极高的天赋，也是一种很难驾驭的能力。

Why Won't You
••• Apologize

第 4 章

如何在面对批评时有效道歉

明知理亏而向人道歉已经很不容易，更难的是面对没来由的批评和不公正的评论，还要向人道歉。有时候，这种批评往往来自他人的反应，而不是我们的错误行为。

谁都不愿意接受批评，但是每个人都免不了被批评。无论是被人批评还是批评别人，其中的原因都是一样的。比方说，如果人们心情不佳，待人接物时就会牢骚满腹或充满主观臆断。有时候这种批评往往掩饰得很深，表面看起来是为了帮助我们实现更好的发展。或者是我们的某种特质、品性或行为让对方很不受用，迫使他们为改善人际关系，必须与我们进行探讨。准确地说，他们会认为如果我们不考虑自己的行为并做出道歉，这种人际关系就会陷入停滞。

特别是在面对毫无来由或过分的批评时，我们很难按捺自己的性子，不能很好地降低防御意识。为便于理解，下面我们要介绍的是凯瑟琳和小迪的案例。从这个案例中，我们可以学会如何有效聆听、如何提问、如何在达成一致的基础上为自己的错误道歉，以及如何表达个人对问题的不同看法。真诚的道歉具有深刻的治疗作用，无法有效聆听他人观点并做出道歉，往往会葬送我们的人际关系。

凯瑟琳和小迪的故事

圣诞前夜，26 岁的小迪开了 4 个小时的车，回到老家和母亲凯瑟琳共度节日。在小迪 9 岁那年，母亲凯瑟琳就和她的父亲离婚了。家庭聚会结束后正在打扫卫生时，小迪突然冷冰冰地对凯瑟琳说："我们得谈谈。"

小迪选择的谈话时机并不好，对母亲的抱怨也咄咄逼人。她指责母亲在和父亲离婚那段时间完全忽略了自己，小迪只能一个人面对内心的伤痛。她愤愤地说："你只顾着自怨自怜，哪里考虑过我的感受？"她还认为母亲应当对自己的感情问题负责，导致她在这个方面一直都不顺利。此外她还抱怨，是母亲的原因导致父亲在离婚后陷入酗酒的恶习。这些事都是小迪在咨询过程中发现的。

两个月后，凯瑟琳参加了我的心理治疗。说起这件事时，她气得浑身发抖。凯瑟琳告诉我，当小迪对她出言不逊时，她极力控制住自己没有发飙。凯瑟琳压住内心的怒火，向小迪做出了这样的道歉："小迪，对不起，在我们离婚期间你受苦了。我从未想过要伤害你，我已经尽到了最大努力，有什么不对的地方，我很抱歉。"说完，她道声晚安就回房间休息了。

◇ 识别虚假道歉

尽管小迪的意外发难让凯瑟琳很受伤，但我们不难看出这份道歉其实并不真诚。如果大家还没读出个中意味，下面我来解释一下。

“小迪，对不起，在我们离婚期间你受苦了。”

（你对离婚这件事的反应才是真正的问题。）

“我从未想过要伤害你，”

（我是个好人，怎么会做错事？）

“我已经尽到了最大努力”

（你还想指望我做更多的付出吗？）

“有什么不对的地方，我很抱歉。”

（就算有什么地方不对，我也毫不知情，事情既然过去就过去吧。）

上面的分析绝对不是对凯瑟琳的做法有任何批评，实际上，她能做到这种地步已经难能可贵。毕竟，在这种情况下有几个人能如此冷静地处理问题呢？

◇ 谁应该先道歉

自从这件事之后，凯瑟琳一次也没有和小迪联系过，她也不打算主动联系女儿。凯瑟琳对我说：“我已经道歉了，现在轮到她向我道歉了。”

在我看来，如果凯瑟琳要等女儿先道歉，怕是要等很长一段时间了。凯瑟琳的假道歉（小迪，对不起，在我们离婚期间你受苦了）和老掉牙的借口（我已经尽到了最大努力）对女儿来说显然还不够。既然如此，小迪怎么可能反过来向母亲道歉？

于是我问凯瑟琳，你希望明年或是五年之后的母女关系何去何从？你打算和女儿冷战多久？几个星期？几个月？还是几年？无论选择怎样的方式应对女儿，沟通也好冷战也罢，两人之间的关系要么逐渐缓和，要么加剧升级。如果凯瑟琳一心想着让女儿先道歉，显然问题根本不会得到改变。

经过一段时间的开导后，凯瑟琳称最大的担心是害怕失去女儿。但她还是感觉很气愤，无法做到在电话上和女儿沟通，更别说向女儿道歉这件事了。我也觉得现在不是道歉的好时机，在愤怒和疏远状态下，人做出的道歉毫无意义，只会让他人感觉虚伪。作为凯瑟琳的心理治疗师，我要帮助她平复心情，学会从大局考虑问题。

◇ 打破代际模式

在后来的治疗过程中，凯瑟琳向我谈起了家族往事，我发现这个家族的母女关系一直都比较紧张。具体来说，母亲和女儿之间不是激烈争吵就是冷漠割裂的关系，已经形成了一种模式。凯瑟琳和小迪之间会不会也是这样？显然，如果问题处理不好，母女俩的关系也会变得危机重重。

小迪的行为确实过分，这也许是多年隐忍不言，把愤怒和痛苦埋藏于内心导致的结果。家庭成员之间在道歉时，最关键的问题在于，如果我们的目标是维护良好的人际关系，那么必须表现出自己最为成熟的一面，绝不能面对指责暴跳如雷。反过来说，别人对我们的指责不一定都是错的，因为我们并不是完美无缺的圣人。

只有在经历这个阶段之后，我们才能听进去孩子的批评和抱怨，才能以开放心态为每个父母都会犯下的错误做出道歉，才能真正赢得孩子的尊重。换句话说，要想让子女道歉，首先父母必须学会聆听。实际上，这种技巧对于任何人际关系来说都是必须掌握的。

◇ 做好铺垫

接下来该怎么做呢？凯瑟琳是位律师，善于关注细节和组织语言，她准备给女儿写一封长信说明情况。实际上，如果她的目标是和女儿重归于好，这样做是完全错误的，这一点非常值得关注。

在我的建议下，凯瑟琳给女儿寄了一张问候卡，只在里面短短写了几句，称上次的事对双方都很不容易，她一直在尽可能客观地思考小迪提出的问题。对于这次联系，小迪并没有做出回应，更准确地说是在保持沉默。我鼓励凯瑟琳对此不要在意，沉默也算是一种回应，表达了小迪目前还没有准备好进行沟通。

几周后，我建议凯瑟琳写一封亲笔信给小迪，信件的内容如下所示。

亲爱的小迪：

此刻我正坐在沙发上休息，不知你近来可好。我一直在想上次你回家的事，我们之间的关系变得如此紧张，让我感到很遗憾。上次联系时你保持沉默，我想你大概还需要一些空间来整理心情。

你能鼓起勇气告诉我内心的真实感受，对此我十分感激。作为母女，我希望和你建立无所不谈的亲密关系，尽管我和我的母亲从未做到过这一点。在我和母亲之间，我从未表达过对她的愤怒，从未当面和她顶撞争执。或许正是因为这一点，当你和我出现冲突时，我会一下子变得手足无措。

我听母亲说，她和我外祖母的关系也很紧张，两人整天吵个不停，后来很多年都互不沟通。不幸的是，为了避免重蹈覆辙，我和她之间的关系走向了另一个极端，我们躲避一切争执，实际上那只不过是表面上的风平浪静。

想到我们这个家族几代母女之间的关系，我意识到我们之间应当建立全新的关系。还有那些在整个家族中多年来彼此互不沟通的人，这种现象实在令人遗憾。我觉得，如果我们之间也出现这种情况，这简直是无法想象的痛苦。所以，如果你准备好和我谈心的话，我会尽最大努力聆听你的想法。

爱你的母亲

在写给女儿的这封信中，凯瑟琳阐述了创造良好家庭氛围的七大原则，这些原则能很好地帮助矛盾双方坐下来交流。

- 凯瑟琳只谈自己；
- 字里行间没有任何批评或指责的意味；
- 她没有要求小迪做出特定回复；
- 她把问题放大到整个家族的母女关系来思考；
- 她建议保持联系但没有丝毫说教的态度；
- 她没有喋喋不休地让人感到厌烦；
- 在小迪做好沟通准备之前，她没有催促对方。

在这封信中凯瑟琳并没有道歉，这一点很明智，因为道歉的时机还不成熟。现在小迪最需要的，同样是所有重要人际关系中最关键的，是希望母亲理解自己的处境，关注自己的感受。换句话说，她需要母亲学会聆听。不难想象，对凯瑟琳来说，聆听更多的批评无疑是她最不希望看到的。

◇ 直面危机

这一次小迪做出了回应，她说最近很忙，有空的话会回去当面谈。这个回应具有重要意义，它表明小迪并没有把自己封锁起来。不久之后，母女两人开始沟通了。

接下来是最难的部分，如果有人指责我们，说他的痛苦是我们造成的，这种情况下是很难安静下来聆听对方的观点的。在对话中，我们会下意识地关注那些对我们不公或不正确的观点，并马上做出激烈反应。以开放的心态聆听并提出问题，可以帮助我们更好地了解对方的观点，这是一项很难做到的内心修炼。

凯瑟琳之所以能直面危机，因为母女关系对她来说高于一切，因为她知道这是小迪内心希望实现的。因此，她事先告诫自己，要换个方式去聆听，以尽可能开放的心态关注对方并提出问题，只有这样才能更好理解女儿的感受。

就这样，在一次心平气和的谈话中，凯瑟琳又提起了之前发生的事。她详细问起离婚这件事对小迪造成的影响，包括当时和现在的影响。她问道："圣诞节那天你说我在离婚那段时间忽略了你的感受，你能说说具体是哪些感受吗？"

要做到直面批评和有效聆听，需要付出极大的勇气。当小迪再次谈到母亲的自私时，凯瑟琳的内心会下意识地做出自我防御。这时，每个人都会回应一连串的“但是……”，使谈话气氛变得无比紧张，根本听不下去对方接下来的表达。凯瑟琳也是这样，她马上想要反驳小迪的说法，告诉她自己的看法。

小迪并不清楚母亲在婚姻破裂时经历了怎样的遭遇。离婚之后，凯瑟琳一度非常消沉，生活上无依无助，经济上的拮据也让她感到身心疲惫。在交谈中凯瑟琳有一点做得很好，她没有喧宾夺主地陈述自己的经历，而是放慢呼吸控制情绪，努力听完女儿的抱怨。这样做不但为后面的真诚道歉做好了铺垫，而且有利于成长型关系的培育。至于她的经历，完全可以另找一个时间沟通。

◇ 做出真诚道歉

通过聆听小迪的陈述，凯瑟琳逐渐产生了同理心。真诚的聆听使小迪意识到，母亲对于那段时间未能陪在自己身边感到非常懊悔。如果时光能够倒流，凯瑟琳希望可以回到当年，更好地尽到母亲的责任。她感谢女儿的直言不讳，感谢她有勇气说出内心的真实想法。

比“对不起”更为重要的是凯瑟琳对母女之间长期沟通渠道的努力营建。她向女儿表示会永远记住这次对话，她说：“听你说出内心的想法很不容易，这些事对我很重要，我会好好想一想。如果以后还有类似的问题，你可以随时告诉我，我会采用同样的方式处理。”

“我会好好想一想”这句话很容易被忽略，它在一份真诚道歉中具有非常重要的分量。

◇ 表述不同看法

真诚的道歉并不意味着我们必须被动接受任何错误或不公正的批评。凯瑟琳心平气和的聆听可以消融小迪的愤怒，这表明了她的成熟和良好判断。与此同时，她也想谈谈来自女儿的某些错误指责。小迪认为是母亲的影响导致她在结交男友方面屡屡不顺。凯瑟琳承认以前在这个方面犯过错，这些错误给小迪的感情生活带来了不少麻烦，但她不认为应当为已成年的女儿做出的选择承担责任。在某个适当时机，她和小迪开诚布公地讨论了这件事，表明了自己的观点。无论是她在选择男友方面的屡次失误还是对待未来感情生活的悲观态度，凯瑟琳对此并不负有责任。最后，她用母亲关爱的口吻说：“别泄气，我相信以后你一定可以做得更好。”

此外她还告诉女儿，小迪父亲离婚后的酗酒问题也不是她的责任。她说：“人在离婚时对于事情的原因往往有不同的看法，我和你父亲之间无论发生过什么问题，我只能对自己的行为负责，不能对他的行为负责。他是个成年人，酗酒是他的个人问题。他无法得到需要的帮助，对此我很遗憾，但这件事不能怪我。”真诚的道歉意味着我们必须为自己的错误行为负责，仅此而已。

凯瑟琳向女儿表示，她明白母女之间对这些问题的看法不同，尽管如此，她还是希望两人能够开诚布公地交流，因为这样才是健康的家庭关系。她只是明确地表明了自己的观点，并没有向女儿强加所谓的事实或改变对方的看法。

就这样，一场很可能演化成多年隐忍沉默的家庭危机，最终变成了母女之间互相加深了解的机会。第二年圣诞节，小迪为去年的冒犯行为向母亲真诚做出了道歉，这件事简直出乎凯瑟琳的意料。实际上，她并没有要求女儿这样做，随着时间的流逝，当初（要求道歉）的念头已经变得越来越淡，但这份迟到的歉意仍让她十分感激。

◇ 令人炸毛的表达

承诺聆听对方的观点，并不表示面对粗鲁无礼的表达也无动于衷。对于粗暴指责，我们的容忍要有一个度，这一点很重要。比方说在母女之间第一次争执时，凯瑟琳可以这样说："小迪，你说的事情很重要，但今天是圣诞前夜，我很累，现在没办法跟你交流，我们明天早饭后再谈。"或者这样说："小迪我很爱你，但是这会儿我脑子很乱，你说的话我完全听不进去。我需要休息一下，我们明天早上再谈好吗？"

作为一个出色的聆听者，我们必须告诉对方合适的沟通时机。也就是说，我们应当明白何时对对方说“现在不行”或“这种方式不行”。如果我们毫无原则地纵容对方的粗鲁无礼，以至于形成习惯性行为，这不但会伤害我们自身的利益，而且会削弱对方控制个人行为的能力。此外，我们也没有必要纵容对方在对话过程中一再伤害我们的感受，这样的交流不可能一直持续。

如何降低自我防护意识

我在读研的时候从心理学课程中了解到，聆听是一个被动接受的过程，但这种观点是错误的。聆听是一种高度活跃的参与行为，从本质上说，它和诉说相比，在被动程度方面相距甚远。在沟通过程中做到毫不设防地聆听对方是一件非常困难的事情，当对方谈论我们不愿听的内容时尤其如此。

如何在对话过程中解除自我防御模式，其重要性和困难性无须强调。当对方带着怒火和指责面对我们时，我们会下意识地自我辩解，只关注那些和对方观点不同的方面。由于这种心理变化过程高度自动化，我们有必要对自我防御机制进行仔细分析，然后研究如何抑制这一心理模式。

不设防式聆听是做出真诚道歉的核心。当对方在批评我们时，牢记下面 12 条可以有效帮助我们抑制心理防御模式。

1. 意识到你的自我防御机制。当有人批评我们时，我们会立刻启动自我防御模式。意识到这种机制的存在可以让我们和它保持一定的距离。人们总是这样，一听到不同的意见，戒备心就开始滋长，这样就很难有效聆听对方的观点。因此在对话中，你应当加倍小心，不要把关注点放在批评者对事实的扭曲、夸大和错误描述上。

2. 深呼吸。自我防御机制会在人的身体上有所体现，让我们变得紧张戒备，无法接收新的信息。你应当在对话中尽量保持平静，放慢呼吸频率。

3. 聆听的目的是了解对方观点。你应当关注那些和对方看法保持一致的方面，不要打断、争执、反驳或纠正对方，或是反过来批评和抱怨对方。如果你占理，完全可以另找时间和对方谈。

4. 对不明白的地方进行询问。如果对方的批评很不明确（如“我觉得你不尊重我”），你应当询问具体情况（如“能否举例说明我在哪些地方不尊重你”）。这样有利于明确问题，同时让对方感觉你很重视这个问题。注意，询问细节不是吹毛求疵，关键在于你的目的必须是弄清事实，而不是反复较真。记住，哪怕你是一位律师，也不要在这种场合表现得咄咄逼人。

5. 寻找一致观点。对于对方的指责，哪怕你只同意其中7% 的内容，也能建立共同的沟通基础。（例如“你说得对，那天晚上谈话时是我一直在喋喋不休。”）如果找不到一致观点，那就感谢对方的开诚布公，告诉对方你会认真考虑他们的想法。

6. 为自己那部分错误道歉。这样做可以向批评者表明你在承担责任，而不是逃避责任。同时还能把针锋相对的局面转变成齐心合力解决问题的局面。至于对方的错误和应当承担的责任，可以另找时间沟通。

7. 让对方意识到你已经充分了解他们的看法，而且会继续思考所谈的问题。即便什么问题都没解决，你也要告诉对方，你完全明白他们的看法（例如“听你说出内心的想法很不容易，我会认真反思这次对话。”）。接下来，你应当花时间真诚地从对方角度来考量一下。

8. 感谢批评者和你分享内心感受。对于可能引发激烈情绪反应的批评言论，我们应该主动做出姿态，感谢对方的直言不讳（例如“非常感谢你告诉我这件事，我知道对你来说这很不容易。”）。这种方式表明了我们对维护人际关系的重视。

9. 主动延续对话。告诉对方你会继续思考他们提出的观点，愿意就此问题再次展开沟通。（例如“上个星期我一直在想上次的谈话，我很乐意和你继续沟通，如果还有没谈到的问题，请随时告知。”）

10. 分清沟通和羞辱的界限。批评者对我们的言语激烈可以理解，偶尔的粗鲁失礼可以接受，但一直这样肯定不行。遇到这种情况，你应当暂停沟通，另找机会进行对话。（例如“我很想和你交流，但你必须保持尊重才行。”）

11. 时机不对时应停止聆听。你可以告诉对方愿意展开对话，而且意识到了沟通的重要性，但现在不是进行交流的好时机。如果结束对话，你应当另行建议合适的沟通时机。（例如“你现在说的我听不进去，我想明天早上沟通效果会更好。”）

12. 表达你的不同看法。你应当向批评者表明你对事情的不同看法，而不是一味应承对方，做和事佬，为了避免冲突毫无原则地道歉。即使对方不能从你的角度思考问题，你也要听从内心真实的想法。在这个问题上时机非常重要，你可以另找时间表达自己的不同观点，这样有利于对方更好地接受。

无论道歉的表达有多真诚，无法聆听和体会对方的愤怒和痛苦就不能有效修补破损的人际关系。从上面的案例可以看出，要做一个好的聆听者并不容易，不是坐在那里任由对方发泄牢骚那么简单。有效聆听需要我们清理思绪，打开心扉和提出问题，这样才能更好地了解对方的观点。在此过程中，我们不能打断或纠正对方，不能让对方感觉我们心不在焉或急于结束对话。如果对方所说的内容是我们不认同或不想听的，我们应抑制自我防御的心理，学会从对方的角度来看待问题和体会感受。

试想一下，如果我们渴望被对方理解的心情和对方渴望被我们理解的心情一样热烈，高风险的人际沟通将会变得多么简单！如果这个目标可以实现，每个人的道歉都会变得充满意义，都会具有神奇的人际关系修复作用。

Why Won't You
••• Apologize

第 5 章

不会道歉的人

很多年前，我在对道歉这个课题做调研时，在日本生活的我的外甥雅鲁正在和韩国女友交往。为帮助我进行调研，他向我描述了他和女友之间在道歉这个问题上的重大分歧。

> 每次经过激烈的争吵和指责之后，她对我说从未向自己的父母或爱人道过歉。对于我们这种从小接受过道歉意识培养，做错事后（哪怕是因为局面失控造成的结果）被老师和父母要求向人郑重诚恳道歉的人来说，她这种从不道歉的态度实在令人恼火。

我外甥意识到，对他的韩国女友来说，道歉意味着社交距离感，这种行为仅限于正式场合或公众场所。对她来说，在亲密关系中根本不存在道歉这回事。

> 韩国人似乎认为（是的，我可以从一个女人身上总结出整个韩国文化），鉴于我们之间关系的亲密程度，彼此是不用向对方道歉的。哪怕犯了错，对方当然会原谅你，当然能从你的肢体语言中读出道歉的意味。即使不道歉，人们（犯错者）当然也会意识到自己的错误并努力做出改变。好吧，我还真是孤陋寡闻。

其实这也不稀奇。有些文化群体非常重视道歉和宽恕行为，有些群体则不甚强调。要了解来自大洋彼岸的不同思维方式，不一定非要成为那里土生土长的居民。实际上，每一种人际关系都具备一定的跨文化特征，因为每个人都会从不同的角度看待问题，从而坚信自己的立场是正确无误的。

追本溯源

关于这个问题，我们可以从每个人小时候的家庭环境谈起，这是分析成年人际关系问题的重要参考依据。如果我们小时候很怕丢面子，长大后就很难容忍出错或失败。承认犯错并做出道歉，无疑会引发童年时代难以启齿的羞愧经历。

有些家庭则不同，他们善于培养做出道歉和接受道歉的好传统。在我们的童年时代，如果家长从不道歉，从来不说“对不起，我错了”之类的话，我们长大后也很难摆脱不会道歉的怪圈。还有一种情况是，有些家庭把道歉行为看得太重，“对不起”三个字很难被轻易接受，而是往往受到质疑，这样的环境也不利于孩子学习如何道歉。如果道歉行为让我们感觉更糟糕，走入成年之后，我们就会有意无意地避免这一行为。

我有一位叫乔弗里的来访者，他从来不会向任何人道歉。他告诉我：“小时候，我的父母总是逼我向弟弟道歉，认为每件事都是我不对。他们经常说，‘马上去向斯科特道歉！'‘这样不行，重来一遍，要郑重道歉！'”

乔弗里觉得这样做既丢脸又十分困惑。更糟糕的是，他的父亲每次发脾气之后向乔弗里道歉的方式让他感到很厌恶。他说：“父亲发脾气时非常狂暴，朝我大声吼叫，我以为他要打我。发完脾气一段时间后，他又在我面前声泪俱下地自我检讨。特别是喝酒之后，他会不停求我原谅，恨不得让我抱着安慰一番。这种感觉太糟糕了。”

在这种经历的影响下，乔弗里成年之后再也没有向任何人表示过道歉。有意思的是，他后来娶了一个非常重视道歉行为的女人，但即使这样也没有改变乔弗里。他的妻子经常逼着他道歉，这种违心的道歉显然毫无意义。

更多观点

在如何道歉、何时道歉以及是否应当道歉（和接受道歉）等方面，人们所持的观点相距甚远。一位朋友向我直言：“我这人从不道歉，也从不接受别人的道歉。人们向我道歉，不过是想压制我的愤怒。他们的言下之意是，‘瞧，我可道歉了啊，别再叽叽歪歪了！'”在她看来，道歉是一种操纵他人情绪的手段，用于息事宁人和抢占道德制高点。

诚然，有些道歉行为的确是为了中止对话，避免进一步的矛盾和指责，或是被用作使不合理或不负责任的行为得以继续的借口。对此，我的看法并不相同。我认为做出真诚感人的道歉，有利于对方产生受尊重感，平复情绪，感觉受到关注，恢复对犯错者品性的信任。倘若失去道歉行为对人际关系的修补作用，人性内在的缺陷定会令人感到绝望。

我们对道歉行为的理解和认识与所处的家庭和文化环境密不可分，这种影响往往是通过几代人塑造而成的。只有跳出人际冲突来看待这些观点，我们才能看出这种影响是如何对自己发挥作用的，才能在必要的情况下对其加以修正。例如经过我的治疗后，乔弗里终于学会如何向他人有效道歉。这种道歉不但可以反映出他的个人价值观和思维方式，而且帮助他摆脱了从前死不道歉的立场态度。

大男人无须道歉

就像女人天生爱把对不起挂在嘴边一样，男人似乎天生就不会道歉。有调查表明，在需要道歉的场合拒不道歉的人群中，男性的比例要比女性高得多。有意思的是，这项调查结果在世界各国文化中都普遍成立。

尽管大部分家长并未有意地把男孩子培养成特工 007 或钢铁战士之类的形象，但不可否认的是，性别定势的思维依然广泛存在。虽然女权运动极大突破了传统性别角色的束缚，但大部分女性仍具有典型的性别意识特征。我想起最近路过一个足球场，看到一位父亲正在对哭哭啼啼的八岁儿子说：“要像个男人！”这句话我有一阵子没听见过了，每个男孩子都知道“男子汉”是什么意思：要坚强，不能哭鼻子，不要示弱、敏感或露出弱点，不要女孩子气……总之，不要表现得像个女孩！奇怪的是，我好像从没听过有人说“要像个女人”这种说法。“注意矜持形象”倒是更容易让人联想。

软弱退缩也是人性的一部分。遗憾的是，直到今天，我们仍在羞辱和取笑男孩表现出这种所谓的“女孩子气”。受此影响，男孩子在成长过程中不得不拼命展现男子汉气概，具体表现为实现更高的社会地位、控制权和收入。对一些男性来说，就连“我错了，是我不对，对不起”这么简单的道歉都让他们感觉不舒服，甚至是难以容忍。有人是这么说的：“道歉会让我感觉低人一等，好像输掉了什么东西，让别人占了风头。一旦你放松警惕，别人肯定会趁机超越。”

对于当今社会普遍存在的这种男性角色认识，拉迪亚德·吉卜林（Rudyard Kipling）在他的诗中是这样描述的：

如果敌人和朋友都无法伤害你，
如果你能对所有人一视同仁，不分贵贱，
如果你能用奔跑，

宣泄内心的怒火，
你就能赢得整个世界，
成为一个真正的男人！

这首诗在英国很有名，讲的是作者如何鼓励儿子成为男子汉，不过我对其中的某些观点不敢苟同。如果好友无法伤害你，如果和人人都保持距离，你的生活岂不是和他人完全绝缘了吗？如果心中有怒火就去奔跑啊奔跑，你哪有时间去关注人际关系中的问题？哪有工夫思考自己的行为会对他人构成怎样的伤害？以如此“男子汉”气概为人处世，我们怎么可能在必要的时候向他人做出真诚的道歉？

完美主义的问题

通常来说，不会道歉的男人要比不会道歉的女人多，不过也有一些男性在这方面比女性做得好。比如在我们家，我丈夫史蒂夫要比我更勤于道歉。反之，有些女性倒是会表现出吉卜林诗中的那种男子汉气概。当个人良好形象受到挑战时，每个人都会做出自我防御，把自己彻底封闭起来。

有些人对自己要求完美，容不得半点错误，这样会失去向人道歉的情绪反应空间，起码在自尊心很容易受到打击的领域（如工作场合或教育子女方面），很难做出道歉。我有一位远程合作的同事，她的工作能力很强，我也一直很尊重她，但是在工作方面，无论任何大小错误，她都从未向他人道过歉。

前一段合作时，我们约好上午10点半进行电话沟通，讨论研讨会中的细节问题。每周约定的沟通时间是周二，但她周一就打来了电话。由于联系不到我，她开始给我的另外两个号码发短信、发邮件，不停地问我在哪里，为我的失联感到很不耐烦。

几个小时后，等我忙完事情给她回复邮件，说约定的沟通时间是周二。结果，她只回复了一个“哦”。

我们是合作多年的朋友，这件小事本来不值一提，问题是她从未向别人道过歉，我从没听她说过“哎呀，是我搞错了”“唉，今天我真是心不在焉”“哦，这件事是我没做好”之类的话。在工作中，我是个比较容易道歉的人，因此很难理解为什么她无法为这点小事稍微表示一下歉意。

对于这种自我防御表现，她的解释是自己的完美主义。作为多年合作的朋友，我对这种自我分析比较认同。完美主义心理的作祟，会使我们很难做出哪怕是很简单的道歉，因为我们无法以轻松自爱的方式来看待自己的缺点或所犯的错误。虽然有些完美主义者有过度道歉的倾向，但相反的情况仍比比皆是。

如果我们对犯错持过度严肃的态度，把犯错等同于无用、废物或低劣，承认错误并道歉就会变得难上加难。这种情况往往会造成恶性循环，因为无法承认错误、接受现实和做出道歉会让完美主义者感觉失去信用，导致失败感，认为自己“不够完美”，从而陷入更深的对道歉行为的抵制。

自我价值的意义

完美主义者就像在自卑山谷中走钢丝，随时都有如临深渊的感觉。他们强调自己在各个方面都必须表现优异，殊不知我们都是会犯错误、并不完美的普通人。在这种心理模式下，他们甚至都不敢在内心承认自己会犯错。在他们看来，伊丽莎白·库布勒–罗斯（Elizabeth Kübler-Ross）的名言“你我皆凡人，孰能无错乎”简直是邪教异说。

要想做出郑重道歉，首先你要有勇气承认自己并不完美，认识到自己的缺点和能力不足。认清自我也是对自己的尊重，有了这种自尊，你才能承认会做错事，不会产生道歉就低人一等或被人超越的感觉。

在多年的心理治疗工作中，我遇到过很多来访者，他们的生活中总有这样或那样的人无法做出有效道歉。下面我来摘录一些他们的陈述，这些内容虽然有些不同，但总体上都反映了自尊心作祟的问题。

“我的妹妹从来没有为犯错道过歉，她是那种完美生活中的完美女人。有一天下午我去她家，碰到她在打盹，这件事让她感到很不自在，好像在别人面前丢掉了完美形象。我觉得她其实活得挺累的。”

“我的上司一点儿安全感也没有，让他道个歉难上加难，承认失败的感觉好像会成为任人宰割的羔羊，在公司里失去所有威信和地位。”

“我丈夫刚愎自用，控制欲强。一旦受到批评就暴跳如雷，马上扭曲事实，把问题怪罪到别人头上。”

“我哥哥永远不会向他妻子道歉，因为他觉得自己在妻子眼里简直一无是处。问题是，这样做反而更让嫂子生气，不但看不起他，还有事没事就骂他。”

自我价值感对于人们能否清晰认识自己所犯的错误具有重要意义。自我价值感越强，人们就越容易体会受伤害一方的感受，从而更容易做出发自心底的道歉。

难以承受的羞耻感

羞耻感可以极大摧毁一个人的自我价值，使他感觉自己充满缺点、能力不足，游离于人际关系之外。内疚感可以引发懊悔情绪，促使我们道歉，但羞耻感的影响完全不同。在羞耻感和脆弱性等方面，布琳·布朗（Brené Brown）的研究曾帮助很多人意识到此类情绪的负面作用，帮助他们勇敢表达心声并付诸行动。

羞耻和内疚是两种完全不同的心理情绪。内疚感的产生是因为我们的行为违反了个人价值观和信仰，从而令良心感到不安。内疚感通常与特定的、让我们感到并不光彩的行为有关，例如背叛朋友的信任，或是撒谎伤害他人。

内疚感可分为两种，一种是有益的内疚感，另一种是无益的内疚感。后者颇像女性长期形成的习惯，促使她们动不动就说对不起，哪怕这种道歉根本毫无来由。有益的内疚感则不同，当我们偏离正义良善和责任时（即感到内心有愧时），它能鼓励我们及时做出道歉。

和有益的内疚感不同，羞耻感超越了特定行为，指一个人的基本自我达到“令人讨厌和恶心”的程度。简单地说，内疚感关乎的是行为举动，羞耻感关乎的是为人之道。如果我们卑鄙可耻的一面被曝光，从内心深处，我们一定认为自己不可能得到他人的喜爱和尊重。

为避免出现羞耻感，我们不得不把真实的自己隐藏在黑暗中。比方说我们占用了房间中大部分空间，消耗掉其中大部分氧气，为此我们可能做出道歉。但是有人会反其道而行之，把羞耻感转变成蔑视、傲慢、控制欲、高人一等、强势和优越感。对于后面这种情况，这些人肯定非常顽固，绝不会向任何人道歉。

过度道歉的行为多见于女性，说一不二的风格多见于男性。当然，这种情况并不是绝对的，也有一些例外情形。尽管这两种逃避羞耻感的行为方式看起来有天壤之别，实际上它们都能反映出行为者自尊心的低下。我花了很长时间才弄明白，原来优越强势的人和自卑低落的人在本质上并无区别。无论哪种情况，产生羞耻感的人都很难真诚有效地做出道歉。

对于那些能够正视个人伤害行为和愿意承担责任的人来说，为其自我价值奠定基础是非常必要的。只有在这个基础上，伤害过他人的人才能设身处地地为别人着想，才能产生同理心并感到悔恨。只有在这个的基础上，他们才能面对自己并不光彩的行为并做出道歉。当然，做出真诚道歉不一定能改变错误，但这毕竟是个良好的开始。

为什么大恶之人没有悔意

几十年前在芝加哥，我曾对一位牧师进行心理测试。这位牧师和他的四个女儿都发生了性关系，对此他丝毫不觉得悔恨或内疚。作为一个“强调家庭价值观”的宗教人士，他坚称不愿看到自己的女儿和他人发生性关系，以免她们会被人利用。于是我问他为什么不和唯一的儿子发生性关系，这位牧师马上怒火中烧，那副情景让我至今都难以忘却。他从椅子上跳起来，几乎把口水喷到我的脸上，愤怒地说："勒纳医生，你这么说简直是罪过！"为什么有些人犯下大错却没有丝毫悔意呢？我们或许认为这种人天生就是变态狂，缺乏感受关爱的能力，无法设身处地地为他们所伤害的人着想。有些人的确是这样，我提到的这个人在生活中的其他方面与常人无异，但对女儿所犯的暴行简直令人发指。这似乎表明，人类具有极强的自我欺骗能力。

人的恶行越严重，带来的耻辱越大，作恶者就越难以体会受害者的感受并产生悔意。他们反过来会这样为自己开脱："这不是我的错""我也控制不了自己""这件事没什么大不了的"。自我欺骗的程度越深，作恶者自我保护的借口就越多，甚至把责任归咎于受害的一方。他们会这样自我辩解："这是她自找的""我这么做是为他好""这样做是必需的"，甚至"我这还是头一次……"

无论在个人生活中还是政治场合，只要无法正视违背个人价值观和伤害他人带来的羞耻感，我们就会为自己编织各种自我保护的借口。毕竟，大恶不同于小错，犯个小错道歉容易，做了大恶就不是道歉那么简单了。

当我们的身份和价值感逐渐消失殆尽时，我们将无法做出真诚道歉，必须重新赢得别人的信任。为了生存，我们会把自己包裹在借口、轻视和否定当中。当我们冷静下来重新开始思考时，自我防御已经不只是可以观察和跨越的路障。当我们失去价值观时，自我防御就成了唯一的生活方式。

羞辱犯错者无法解决问题

面对拒不道歉且毫无悔意的犯错者，只要是正常人都忍不住会羞辱和指责他们。但是这样做并没有效果，无论对小错还是大恶都无济于事。对死不悔改的犯错者指责攻击，只会强化他们的自我防御意识，无法打开他们的内心。

犯错者不愿接受诸如“体罚者”“虐待者”或“无良父母”之类的称号，这不只是对他们病理性否认的一种描述。实际上，他们拒绝这种对号入座反映出的是正常的心理抵制。如果一个人敢毫不犹豫地接受人们对其恶行所起的称号，那他绝不会承担任何责任，也不会产生悲伤和懊悔的感觉。这样做只能把犯错者内心仅存的一点自我价值摧毁殆尽。

作为一个多年和作奸犯科者打交道的心理治疗师，我帮助过很多人抵制“以罪定人”的错误概念。在治疗过程中，来访者有机会回忆和分享生活中的某些美好时刻。无论作为子女、兄弟、丈夫、邻居还是养家糊口的人，他们都曾被视为正直善良和值得信赖的人。只有通过放大犯错者的自我价值，他们才能找到对受害者感同身受的方式，才能做出发自内心的道歉，才能确保以后不会再犯。

在治疗过程中，我有很多机会接触那些对他人做出严重伤害的人。我的治疗不会粗暴地为这些人贴上“坏蛋”或“病态”的否定标签，而是在（他们）承认错误行为的基础上帮助他们强化自我价值。如果有人在身体上对他人造成严重伤害，光说对不起肯定不够，接下来还要做出更多改变，比如入监服刑、参加公共服务或是做义工。我治疗过的一位殴打妻子的来访者就是这样，为向受害者表明痛改前非的决心，他每周六早上都参加劳动，然后把挣来的钱捐给女性保护组织。

我们一旦为犯错者贴上羞辱性标签（例如“老色鬼”），无形中就会大大缩小他们忏悔和做出积极改变的可能性。只有那些把犯错视为人性一部分的人，那些意识到自我形象具有不断变化的多面性的人，才能真正忏悔并做出真诚道歉。换句话说，污名化和妖魔化犯错者不会启发他们的思想，不会软化他们的灵魂，也不会打破他们的自我防御。这样做只能起到相反的作用。

黑暗的童年和其他蹩脚借口

羞辱犯错者固不可取，另外，为犯错者寻找借口和心理原因也无法解决问题。如果把犯错者视为不具备能力、选择和意志的人，他们便会失去为其行为真正负责的机会。这种情况在少年犯和犯罪老手中比较常见。

鲍勃·曼可夫（Bob Mankoff）在《纽约客》杂志上发表过一幅漫画，画中一位女士站在证人席上说："这个人小时候受过虐待，所以我知道他背着我在外面偷情。至于我朝他开枪，那是因为我小时候也受过虐待。"这幅漫画表达的思想可谓入木三分，它表明心理分析不能帮助犯错者逃避责任，任何有害后果都源自犯错者的决定和行为。

如果否认其能力，允许犯错者寻找借口或心理原因，他们就无法维持尊严和信誉。虽然我们有必要考虑犯错者过去和现在的经历对其行为的影响，但痛苦的个人经历或当前状态并不能为他们的错误行为构成正当理由。大多数遭遇创伤经历或苦难当下的人都不会持续伤害他人。相反，他们会成为慈祥的父母和良好的市民，成为对大众有益的成年人。

给受伤害方的重要建议

对受害方来说，最迫切的问题是做出控诉并让人理解自己的处境，特别是那些遭受亲人或好友背叛的情况。我在心理治疗工作中发现，受害方总想着和加害方（通常是他们的父母或其他家庭成员）当面对峙，希望以此方式得到诚恳的道歉。他们的道歉应明确承认所犯的错误，承认所发生的事实和伤害感情的沟通方式。

如果得不到期望的结果，受害方往往会感觉再次受到伤害。大多数做出严重伤害的人都不会承认自己的暴行，要做出道歉和修补人际关系就更谈不上了。羞耻感会让他们矢口否认一切，用自我欺骗的方式来掩盖真相，这样就可以摆脱罪责，无须面对事实。毕竟，每个人最了解的是自己，我们不可能要求犯错者对我们做到同等程度的坦诚。

在和伤害你的人进行沟通之前，我们首先要注意保护自己。你应当降低期望值，不要一开始就想达到要对方做出道歉的目标。你要站在自己的角度陈述事实，这是你所持的立场。无论对方做出怎样的反应，注意陈述事实即可。记住，真诚的道歉永远都不是唾手可得的。

无论你的沟通方式有多好，只要让犯错者感觉受到指责或威胁，他们就不会主动承担责任和感到悔意。对方是否愿意为错误行为承担责任，这一点和他们是否爱你毫无关系。实际上，承担责任、产生同理心和悔意，以及做出真诚道歉的能力，取决于犯错者的自爱程度和自我尊重程度。换句话说，我们只能自我检视这些能力，并不能将其赋予他人。

Why Won't You
... Apologize

第6章

怎样应对高度自我保护的犯错者

有些人死也不肯道歉，而且根本改变不了。他们自我保护意识过强，随时会出现羞耻感，无法或不愿客观地看待自我，不能承认错误并承担起应负的责任。

实际上很多时候，道歉和妥协是一种需要当事人双方进行互动的艺术，会根据具体情况随时出现变化。这就意味着，如果你无法得到对方的道歉，那么很可能这种情况部分是因为你造成的，哪怕你对此毫不知情。这句话可能让满腹委屈的受伤害方无法接受，但问题是事实的确如此。

作为受害方，你不能让犯错者放下自我防御坦承错误，也不能逼迫对方做出道歉。但是你可以努力降低对方的自我防御程度，这样才有机会让他们有效聆听你的感受。

在我们身边的家人和朋友中，很少有人能做到像凯瑟琳那样（见第 4 章案例）如此专注地聆听女儿的感受。如果你采用愤怒或责备的方式和对方沟通，犯错者马上会蹦出一连串的“但是”和“可是”，让你们之间的对话随时陷入危机。

即便道歉行为涉及的是无足轻重的小事，如果我们夸大事实或态度蛮横，也会让犯错者内心的自我防御意识迅速强化。由此可见，受害方如何在对话中引导和犯错者之间的关系，如何降低他们的自我防御程度是有效解决问题的关键。为此，你需要牢记以下几点。

强调事实

当人们受到不公正的指责，或是被迫承认莫须有的错误或罪名时，很难做出道歉。比方说，一位男士这样对我说："妻子责备我时，我根本不想道歉，那种感觉就像被人按着脑袋承认错误。一旦道歉，我不得不承认所有问题都是我造成的，但事实并非如此。"

即便对事实略有夸大，也会让犯错者马上产生戒备心理。比方说你丈夫上个月下班回家晚了六次，而你责备他晚了八次，他就会把关注点放在纠正事实，而不是承认错误和做出道歉上。

下面的对话发生在来找我寻求咨询的一对夫妻之间。

丈夫：整个早上你都非常粗鲁，对我不停指责，最让我生气的是，你竟然觉得没必要道歉。

妻子：整个早上？我一共才有几次对你发脾气？

丈夫：大概有七次。

妻子：我一共就发过三次脾气。（她开始数起来，表情就像法庭上审犯人的律师。）你说七次？那好，到底是哪七次，你给我一次一次说明白！

丈夫：到底几次并不重要，重要的是你发脾气让人无法接受。最烦人的是发完脾气你不道歉，好像什么事都没发生过一样。

妻子：那你为什么要夸大事实？为什么不说我只发过三次脾气？为什么不为夸大事实向我道歉？

受到不公正责备的人在沟通时会充满敌意地聆听对方。带着这种戒备心理交流，我们会毫无意识地关注那些被夸大、扭曲和抹黑的事实，而不是关注对方想要表达的核心内容。如此一来，双方便会陷入争吵，为了细枝末节的问题去较真。一旦开始争吵，道歉就成了遥不可及的目标。

◇ 香蕉引发的口水仗

我来讲一个发生在我们家的故事。我丈夫史蒂夫比较宽容大度，跟他在一起时我总是随心所欲，不像和陌生人在一起时注意自己的言行。有时候在生活中遇到烦心事，我会把气撒到史蒂夫头上。毕竟，要老公不就是为了这个嘛。

有一天史蒂夫回家，路上在超市买了五个香蕉，成熟度完全一样，这件事马上惹毛了我。我们家就两个人在家，谁也不爱吃香蕉，也不是为了做香蕉面包，你说你买这么多干吗？我们之前已经因为这个吵过好几次嘴，这次我真恨不得让他跪下来道歉，好好反思一下自己的错。

那天我本来气就不顺，在外面碰了不少委屈，一开腔就不顾事实（香蕉吃不完只能扔进垃圾桶烂掉），开始了不公正的指责（“世界上还有那么多人在忍饥挨饿，哪有你这样浪费食物的？”），然后顺理成章地得出这样的结论：“你这人真是有毛病！”接着，我要求他做出道歉，向我白纸黑字地承诺这种事以后绝不会再次发生。

史蒂夫一脸气恼地说：“我懒得跟你讲。有本事别骂我，下次你自己去买东西。”这下子我更生气了，啊？怎么一下子我成坏人了？要是我去买，怎么可能买五个成熟程度一样的香蕉？这不是明摆着我比你更关爱地球，比你更聪明嘛！我是好心好意提醒你，做错了事干吗还这么理直气壮地为自己开脱？我说两句还不是为了你好？你应该感觉幸运才对！

如果你想让对方反思自己的行为并做出道歉，千万记住一个沟通基本原则——只对事，不对人。但是在强烈情绪的作用下，我们往往会毫无意识地发飙，把事情搞得越来越严重。你看，十秒不到我就脱离事实（买五个香蕉会烂掉三个），开始质疑对方的人品。自相矛盾的是，恰恰是在面对自己最为信赖和重要的人际关系时，我们才会表现出极不成熟和高度自私的一面。

◇ 毫无痕迹的过度指责

有时候过度指责会表现得隐而不露，让人很难觉察。我们不但要对方为其错误行为负责，还要他们为（由此引发的）我们对整件事的反应负责。比方说我朋友鲍勃的经历。

> 因为在家办公，最近我的办公室总是乱糟糟的，我妻子吉尔特别爱干净，东西总是整理得井井有条。看到桌上地上一堆堆的废纸，她说："走进这个房间真让我觉得家都快散架了。"啥？家都散架了？我们的家？我们一起生活了14年，我每天拼命工作毫无怨言，就因为办公室有点乱，她竟然觉得天都要塌了？我说："你这话太过了"，她的回答是："我觉得就是这样。"

鲍勃开始收拾废纸，但并没有为此做出道歉。他对我说："这种指责真让人无法接受。"尽管吉尔说的是"我觉得如何如何"，但这种夸大其词的说法无论在内容还是语气上都很伤人。在她看来，自己不过是在分享感受，却让鲍勃觉得不但要为乱糟糟的房间负责，还要为让妻子产生"家都快散架了"的感觉负责。显然，这让他很难做出道歉。他虽然整理了房间，内心却感觉自己反而成了受害者。

言简意赅

对受害方来说，言简意赅是一条非常重要，却好说不好做的沟通原则。

在面对不肯道歉的犯错者，或是难以沟通、戒备心理很重的交流者时，记住多说无益的原则，你说得越多，对方能听进去的就越少。无论要解决的问题是大是小，这一原则都有效成立。

当对方不愿听你表达时，他们能够接收的信息非常有限。如果你的表达太絮叨，无形中会助长对方的排斥心理，根本不可能有效感受你的愤怒或痛苦。这是因为他们会关闭和清空内心的情绪反应空间，无法接收你传达的信息，无法思考你想表达的真正观点。无论对方年纪多大、是否成熟，这种沟通方式都是无效的。

在为《母亲之舞》（*The Mother Dance*）这本书做非正式调研时，我曾在家庭聚会上向孩子们问过这样一个问题：如果让你给父母提一个建议，让家庭变得更好，你会怎么提？大多数孩子的回答是："妈妈不要太啰唆。"有的孩子是这么说的："爸爸要我做事负责，但是整天唠叨来唠叨去，最后搞得我都忘记他真正想说的是什么了。"

这话一点儿也不假。我的小儿子本在上高三时，我记得自己也是这么唠叨他的。那时候他的房间总是乱糟糟的，他宁可坐在里面看电视也不愿收拾。我一遍又一遍地催促，他连头都不回一下，只顾自己看电视，我的话根本没听进去。

要想让对方听到你的建议，动手收拾房间，做出道歉并改变错误行为，你应当言简意赅地表达自己。对于一开口就喜欢长篇大论的人来说，要做到这一点并不容易。下面就来介绍一个失败案例，让大家看看我是怎样婆婆妈妈地想要说服犯错者意识到自己的问题的。

◇ 为什么让他道歉这么难

我和亚伦已经认识30多年，每次去芝加哥看他，我们都会到外面吃饭。因为以前在芝加哥工作过一段时间，我有幸可以用出版商的信用卡在餐厅结账。每次餐后准备付账时，我都会举杯这样说："感谢出版社的慷慨资助。"要知道，亚伦对葡萄酒很有品位，我们每次吃饭都是去芝加哥最好的餐厅，这笔费用相当可观。但是每次碰杯时，我发现亚伦从未对我说过感谢或是对出版社表示过任何感激。

既然是公家付账，这件事倒也没有让我挂怀，但到我自己掏钱付账时情况可就不同了，账单一过来我就想婉转地提起此事。鉴于我们俩的收入差距，我理解亚伦希望我能付账，但是他从未表达过感谢的态度让我越来越觉得耿耿于怀。难道说一句谢谢就这么难吗？

我很想和亚伦谈谈这件事，但又感到犹豫不决。他是一个很内向的人，我们一年也见不了几次面，要是搞得双方都不痛快，人际关系就很难修补了。虽然他的经济状况不佳，可要我拉下脸说各自付账还真开不了口。

思前想后，我在电话上把这件事告诉了儿子马特，他在这方面颇有一手，总是能把难以启齿的事情用简单直接和轻松的方式说清楚。马特从不多言，在表达难处或不同观点时语气也毫不委婉。这种沟通方式可以让他在工作场合与他人进行非常有效的交流。

对于这件事，我问他究竟该不该主动谈起。马特问："你的目标是什么？你希望怎么做？"

我说："我希望亚伦对此感到懊悔。"

马特哈哈大笑："这么说太不成熟了。"

"可我就是这么想的。"

我希望亚伦能为此道歉，承诺以后要对这样的事情表示感谢。我希望他能反思自己的态度和缺乏感恩的行为，对此感到难为情或产生悔意，反思的时间至少要和我在这件事上苦恼的时间一样长，或是更长些。

"那你准备怎么跟他说呢？"马特问。

我想这么说：

> 亚伦，有件事我一直想和你谈谈。我们每次去吃饭都是我来付账，这对我倒也没什么。但是

你从未说过谢谢，这件事让我有点心烦。这么长时间以来，你一次也没有表示过感激之情。尽管几年来我一直想要说服自己，但问题是我对此感到无法接受。在出版社帮我结账时，我心想："虽然不用向出版社道谢，但表示一下感激总是好的。"没想到等我开始自己付账时，你还是和以前一样，从来都不肯说谢谢。或许你觉得不用向收入比你高的人道谢，不过我挣的钱其实也没你想的那么多。或许你觉得既然自己经济状况不佳，别人请吃饭是理所应当的。我想说的是，每次账单送过来我在掏信用卡时你坐着一声不吭，这种感觉简直糟透了。更要命的是，你并不觉得这样有什么不妥，你这人还特别讲究，喜欢对礼仪方面的各种细节吹毛求疵，比方说什么场合该穿什么样的衣服，晚宴菜品该怎么上等。既然这样，你为什么不反思一下自己的行为呢？因为你的做法实在让我感到无法理解。另外，我希望你能做出道歉。不过我觉得这个可能性微乎其微，因为我知道，不会说谢谢的人也很难对别人说出对不起。

这还没完，后面还有几段我没完没了的牢骚。

电话那头一片沉默，连我都开始觉得自己可怜巴巴了。

终于说完了，我忙不迭地问："马特，你觉得怎么样？"

马特就回了一句：

"亚伦，下次我付账单的时候希望你说声谢谢。"

◇ 为什么要言简意赅地表达

马特的回答一下子震醒了我，让我意识到啰唆的表达无益于解决问题。简明扼要地要求对方改变行为，可以让亚伦有效反思自己存在的问题，并为其错误行为做出道歉。我那长篇大论的说教，恐怕刚一开始就会激起对方的自我保护心理。

面对不肯悔改的犯错者，我们总喜欢过度渲染问题，展开长篇大论的说教，仿佛这样就能改变对方的心意。实际上这样做毫无益处，甚至会让问题变得雪上加霜。我们很难意识到，自己的语气和啰唆表达会起到完全相反的效果。尽管每每碰壁，很多人还是认为说得越多越好，这样才能让对方意识到其观点的正确性，意识到对他人造成的伤害有多深。

尽管没有做过大规模调研，但我的观察表明，在容易引起激烈情绪反应的对话中，一方越是长篇大论，另一方自我封闭的速度就越快。下次你可以这样试试，用不到三句话把问题说清楚，然后对犯错者说："下次我开车送你回家，希望你能说声谢谢""你已经连着两周忘了把垃圾带出门了”“你不该在聚会上喝那么多酒，还对我妈无礼，这让我无法接受”。注意，语气不要尖锐，任何添油加醋或过度反应都会让对方产生戒备心理。

诚然，在很多情况下，较长的对话有利于人际关系的修补，有利于对方充分理解你的愤怒或痛苦感受。但是在很多小事上，言简意赅的表达反而能更好地解决问题。

反其道而行之

通常来说，我们在情绪平静时更容易和犯错者进行有效沟通，在我们和对方感同身受的时候尤其如此。我曾经认为时机和稳妥表达在高风险对话中是一对相互矛盾的事物，但后来才发现事实恰恰相反。时机、稳妥表达再加上友好态度，这才是正确应对死不悔改的犯错者的正确方式。

尽管如此，有时候个人情绪的自然流露也能打破犯错者自我保护的心理，让他们有效聆听我们的观点。需要注意的是，这种情况仅在情绪爆发令双方都感到意外时才有效，并不是在所有场合都会发挥作用。

◇ 阻击婚外情

凯西是一位来向我寻求心理咨询的来访者，她发现在大学当老师的丈夫和学校的研究生出现了婚外情。凭借女性的第六感，她在丈夫的已删除邮件中发现了具有性挑逗信息的邮件。他在一封信中这样写道：“周一你来我办公室时没敢拥抱你，我怕会控制不住自己。”这封信表明，两人似乎还没有发生性关系。

凯西愤怒地和丈夫对质，两人就此事进行了无数次对话。在表达完自己的观点以及阅读信件带来的感受之后，她明确提出了对丈夫的行为期望，指出如果不停止挑逗行为，两人的婚姻将会陷入危机。总之，所有该说的话都说了。丈夫表示道歉，一定痛改前非，还买了鲜花请求妻子原谅。

凯西自己也是心理咨询师，说起话来不紧不慢。她觉得在这件事上有必要采用冷静立场，凡事都用“我如何如何”开口，而不是“你怎样怎样”，这样才能降低对方的戒备心理，确保自己的信息得到有效传达。但问题是凯西说话时总是一个腔调，即使愤怒也不会像别人那样声音马上提高八度。她的妹妹甚至开玩笑说她是“五音不全”。

有一天晚上在卧室里，丈夫似乎又心不在焉，凯西终于忍不住爆发了，在女学生这件事上大吵大嚷起来。她告诉我：“那天晚上把嗓子都吼哑了，也不知道声带会不会被损坏。”一番嘶吼过后，大约过了几分钟，凯西躲进衣柜抽泣起来，任凭丈夫怎么请求也不开门。那天晚上，她是在另一个房间睡的。

有意思的是，这场大闹起到了以前多次沟通都没有达到的效果，凯西的丈夫开始真正反思自己的行为。妻子的情绪崩溃反而比之前的冷静表达更有效，彻底打开了丈夫的内心。用凯西的话来说，这种失控来得如此突然，结果可以说既有效又无法避免。她的丈夫开始用实际行动来证明道歉，终于使这次危机得到了化解。

这种情绪失控是对日常自我的罕见且出人意料的背离，它不会伤害他人，可以理解为更深层次地向犯错者进行内心情绪的真实展示。

不要羞辱对方

最近我碰到一位母亲是这样教育孩子的，她的孩子在超市货架上抓了一把糖果塞进口袋，结果在离开超市时被发现了。两人一开始的对话很正常，母亲说："拿别人的东西是不对的，这样违反法律。咱们回超市去，你要向人家道歉。"

孩子没有吭气，不知怎的，这位母亲开始转变话题，从批评他的错误行为变成了对孩子的人身攻击。"真不敢相信你会这么做！我跟你说过要做诚实的孩子，现在让我怎么信任你？我对你太失望了。"这个孩子大概也就是 7 岁的样子。

孩子低着头，躲开母亲的目光，说了句对不起。羞辱他人，无论对方是 7 岁还是 70 岁，会强迫他们做出道歉，但这种道歉并不是真诚的，更多是为了逃避令人难堪的羞辱。受到羞辱的人往往恨不得在地上挖个洞钻进去，迅速做出道歉可以帮助他们摆脱这种窘境。

通过羞辱对方，我们可令他人做出道歉，这是因为羞辱具有这种强迫力量。如果受到羞辱的人地位相对较低，他们会遵从我们的要求做出强制性道歉。但是羞辱并不能激发对方的反省和自我审视，不利于犯错者的个人成长。在自我贬低和自我责备的环境下，犯错者是不可能形成自爱行为的。

在《花生漫画》（*Peanuts*）中有一幅我很喜欢的内容，漫画中查理·布朗去露西的心理诊所寻求帮助，露西说："查理，你的问题在于你就是你。"这句话的意思是，我们只能为自己的行为道歉，不能为自己和他人的不同道歉。

当我们从批评具体行为转变为攻击他人摇摇欲坠的个人价值时，对方反思其错误行为、体会受害者感受、做出忏悔以及修正错误的可能性会大大降低。羞辱只会让我们和他人的人际关系受到根本性损害，哪怕这种损害可能多年之后才会显现出来。

如何分清责任？一个令人恼火的问题

如果无法厘清沟通双方各自该为哪些问题负责，道歉和人际关系修复的过程便会充满困惑。如果你是受到伤害或感到愤怒的一方，你应当尽可能弄清楚自己在这种复杂互动中发挥的作用。当然，要想弄清楚这个问题并不容易。

比方说前面提到的那位母亲让马特为她儿子以头撞地的行为道歉的例子（见第 2 章），这个例子虽然有点极端，但很好地说明了无法理清各自责任对人际关系造成的困惑。特别是当脾气爆发时，要分清各自责任尤其困难，我们时常会错误地认为某一方应当为双方的行为负责。

从格林童话《糖果屋历险记》看责任混淆带来的困惑

有位来访者对我说："我爸刚给我找了个继母，她控制欲极强，甚至不让我爸在家给我打电话。我只能在他上班的时候跟他通话。"这位来访者不明白的是，保护父女关系是她爸爸的责任，他完全可以告诉妻子，自己有权决定何时何地给女儿打电话。在各种人际关系中，如果我们搞不清楚各自承担怎样的责任，就无法确定谁该为错误行为负责，谁该向谁道歉，以及谁该用实际行动为道歉做出证明。

我们可以用经典童话故事《糖果屋历险记》（*Hansel and Gretel*）来做个说明。在故事中，把一对子女送到树林饿死的是父亲，但邪恶的继母成了替罪羊。抚育子女是一项神圣工作，对父亲来说，孩子是他最大的责任。但是面对这么邪恶的继母，这位可怜的父亲又能怎么办呢？

《糖果屋历险记》中的兄妹长大后（假设我把这个故事搬进现实生活），他们不得不活在被父亲抛弃的惨痛回忆中。但是下意识地对父亲的忠诚以及对守护父子关系的愿望，会让他们感到迷失，无法看清父亲应负的责任。除非父亲（或许在住在森林旁边的心理医生的帮助下）能够感受到背叛子女带来的内疚和悔意，否则继母依然是他们发泄怒火的对象。只有在这时，父亲才有机会和孩子开诚布公地沟通，对先前的错误行为表示深刻的懊悔。只有在这时，他才会说："你们的后妈虽然不是东西，但反对她的观点和保护你们，百分之百是我的责任。是我遗弃了你们，是我让你们命悬一线。如果时光可以倒流，我愿付出一切来爱护和保护你们。我对自己所犯的错误没有任何狡辩的借口。"

童话《糖果屋历险记》传达的信息（邪恶继母和貌似无辜的父亲），可以反映出我们在家庭生活中的常见困惑。我们不但经常把岳母、继母和继女的难解行为归咎于她们自身，还把丈夫、父亲和儿子的被动或疏远行为也怪罪到她们头上。这样一来，我们生活中的男人们就不必为表达观点承担责任，不必付出勇气和信心去管理人际关系了。在男性和女性同性恋伴侣中，这种情况也会出现，我们总是倾向于怪罪成年子女的配偶（或前任配偶），认为他们是造成问题出现的根源，却无法认识到自己的子女在问题中应负的责任。

犯错者是导致你产生特定感受和行为的原因吗

当我们在分享观点和感受，且认为这种感受是由他人造成时，我们多半会认为这个人应当为此负责并做出道歉。这就是“我如何如何”这种表达的常见问题。

我们应对自己的行为负责，别人如何反应不关我们的事，反之亦然。难处的继母并不是导致父亲遗弃子女的原因，他完全可以做出别的选择。马特也不是导致玩伴用头撞地的原因，这个孩子可以学会更好的愤怒管理方式。

在我们的生活中，类似的情况并不少见，某人的错误行为（如背叛朋友）被认为是导致他人做出某种反应的原因，因为我们从小就被教导把人际互动看成是简单的因果关系。实际上，人际关系的演变很多时候并不是直线型的。

比如一位结婚之后不断搞婚外情的男人，这个人只能对自己的错误行为负责，包括对情人隐瞒婚史，也包括对妻子撒谎成性。对于他的欺瞒，唯一需要负责的只有这个男人。他的妻子绝不是造成他出轨的理由，哪怕她曾出现感情上的疏远、喜欢唠叨埋怨、无法满足丈夫的性要求、身患慢性疾病，或是体重增加了 15 千克——这些统统不是理由。她或许增加了丈夫出轨的可能性，但这并不是对方错误行为的理由，毕竟不是所有的丈夫都是通过婚外情这种方式来解决婚姻问题和排解生活压力的。

我们来假设一下这位遭遇悲惨背叛的妻子会做出怎样的反应。有的女性会失魂落魄，最终以自杀来结束一切。有的女性会结束婚姻，从此不再接触感情生活，对所有男人失去信心。还有的女性会在离婚后找到更好的伴侣，从此找到人生的幸福。

那么问题来了，难道说是这位不忠的丈夫造成了第一个女性的自杀吗？难道说是他造成了第二个女性从此不再相信任何男人吗？难道说他应当为第三个女性找到幸福婚姻负责吗？我们甚至可以假设第四位女性，丈夫出轨的消息可能让她欢欣鼓舞，对自己说："啊，这下我终于可以摆脱这个男人，不用担心父母怪罪我想离婚了。"难道说我们应当把这件事归功于丈夫的婚外情吗？

用好双重标准

需要注意的是，在做出道歉和接受道歉这两个不同层面，用好双重标准往往能起到事半功倍的效果。

如果你需要做出道歉，应当使用强调因果的表达，为自己的行为给对方造成的后果承担明确责任。这是说明错误行为给对方造成伤害的唯一方式。比方说，如果凯西的丈夫说："我为向女学生调情的事道歉，这样做不对。但是你的愤怒情绪和痛苦跟我没关系，那是你自己的问题。"——

这肯定不对，这种道歉无异于低劣的偷换概念。

但是，如果你是接受道歉的一方，希望犯错者放下自我保护心理，为其行为承担责任，你就要采取相反的策略。在分享自己的感受时，不能怪罪是对方造成这样的结果。比如你可以说“发现你的所作所为之后，我感觉非常愤怒和失望”，不要说“是你让我感觉愤怒和失望”——这样既有利于明确责任，又便于自我赋权。

最后的忠告

不要命令对方道歉。要求道歉可以，但命令对方往往会起到相反的效果。在夫妻问题上，心理学家艾伦·沃特尔（Ellen Wachtel）指出：“命令对方道歉对夫妻关系有害无益，这样会让伴侣产生向你屈服的感觉。命令对方道歉会让对方感觉羞辱，使其产生类似孩子或缺乏自尊的感觉。”

人们总是这样，在被命令该如何思考、感受和行动时，我们很难做出积极响应，被人命令道歉也是如此。只有不强迫对方说对不起，你才有可能实现让其道歉的目的。反之，如果对方的道歉是在你的强迫下做出的，这种道歉肯定不是真心实意的。在和对方沟通之前，你可以想想看真诚的、发自内心的道歉应当是怎样的。只要对方是出自善意做出的道歉，对我们来说都是可以坦然接受的。

Why Won't You
••• Apologize

第7章

怎样/是否接受对方的道歉

很多年前，有一次经过长途飞行之后，我和丈夫和两个年幼的儿子去租车。租车的人很多，大厅里已经没有坐的地方了，我和孩子们就靠着行李坐在地板上，史蒂夫排队等待办理手续。

我打开一袋混有巧克力糖的坚果，拿给两个儿子吃。在我旁边，有个五岁的小姑娘，长得很可爱，也和妈妈坐在地板上等待。她看着我手中的糖果，露出很想吃的神情。我递给她一些，小姑娘非常高兴，抓过糖果大吃起来。

大概过了有几分钟，我突然觉得自己的做法欠妥，也没有问问女孩的妈妈给小姑娘糖果是否合适。一开始我也没多想，因为那位妈妈并没有阻止我，这件事也很快过去了。但是不知怎的，未能道歉的想法一直在困扰着我。我决定要表示一下歉意，哪怕这样做会让我觉得有些尴尬。找好时机之后，我对那位妈妈说："对不起，刚才也没征求你的同意就给你女儿吃糖果。我为考虑不周向你道歉。"

我本以为她会说"哎呀没事没事"或是"不要紧的"。没想到她看看我，说了句："谢谢你的道歉，我很感激。"

这位母亲接受道歉的方式让人感觉很有尊严，而且话中未言明的内容几乎和表面传达的意思一样重要。

她没有为了缓和气氛而免除我的道歉，她已经成熟到了无须为照顾我的情绪而去撒谎的地步。

同样，她也毫不愤怒或表现得情绪激动。她的话语十分平和，没有任何愠怒的意味。

实际上，就算这位母亲有数落我的想法，她也并未当众表现出来。她没有说：“你知不知道我女儿有糖尿病，对坚果过敏?”或是“你没看到你儿子的脏手刚在地板上摸过就抓糖吃吗?”

她只是说了一句：“谢谢你的道歉，我很感激。”这句话毫无责备意味却又无比明确，表明她的确认为我做了需要道歉的错事。因为这句话，我对这件事一直记忆犹新，从此记住下次给小孩子发糖时一定要事先征求对方父母的同意。老实说，我还从未遇到过以如此简洁优雅的方式接受他人道歉的情况。

说出“谢谢你的道歉”也需要勇气

这件事看起来虽然微不足道，但我发现其实很多人都很难说出这句：“谢谢你的道歉，我很感激。”

最近我的一位朋友在家搞了一次聚会，聚会上有个叫弗兰克的客人不停地讲他在意大利旅行的见闻，其他人根本没有说话的机会。第二天早上，朋友打电话给我说起这件事，对弗兰克的表现感到很生气。这位老兄只顾自己滔滔不绝，根本没有考虑其他人的感受。

幸好后来弗兰克打来电话，为自己在聚会上的行为表示道歉。他说："想起这件事真是不好意思，本来打算发邮件给你，后来还是决定打电话向你道歉。"

你猜怎么着？我的朋友马上说："啊，没关系啦，不用道歉，你也是想和我们分享精彩的旅行见闻嘛。"

我们很多人都像我的这位朋友一样，会把别人好不容易鼓起勇气做出的道歉轻描淡写地打消或否定。我们总是急着化解尴尬气氛，为此甚至不惜告诉对方没必要道歉，小事一桩，无须多虑。可是做错了事当然需要反思，不然为什么还要道歉呢？

如果对方勇于面对错误，选择做出道歉，我们也应当放下不适，坦然说出："谢谢你的道歉。"打消别人的真诚道歉并不可取，我们必须努力克服这种习惯性错误。

怎样教会孩子道歉

让孩子学习道歉的最佳方式是什么？我曾问过不少心理医生这个问题，他们的答案完全一致：家长应当为孩子树立良好的行为榜样。如果该向孩子道歉的时候父母都不道歉，你又怎么期望子女会向你道歉呢？

想让孩子学习怎样的行为，父母就必须做出表率，这毋庸置疑是一种好办法。孩子们时刻都在观察父母，有些父母不愿向孩子道歉，是觉得这样做会损害他们的权威形象，在孩子眼中变得威信扫地。这种想法是错误的。实际上，它能帮助孩子更好地融入这个并不公平的世界，锻炼他们面对现实的能力。它能向孩子表明，父母承认会犯错并不意味着他们就低人一等。实际上，道歉能力是一项父母可以向子女馈赠的重要财富。它能让孩子形成强烈的公正感，如果父母抵触或否认孩子知道的事实，肯定会让孩子产生心理上的负担。

多年来，从事家庭心理咨询的经验表明，在教育孩子学习道歉这个方面还有一种有效的方法。父母可以学着说“谢谢你的道歉”，仅此而已。这条建议听起来非常简单，却很难付诸行动，因为我们会条件反射般地大做文章，利用孩子的道歉唠叨个没完没了。

每次孩子道歉的时候，家长都喜欢这样说：“光道歉可不行，你要好好想想，把弟弟赶出去自己玩对不对？弟弟会怎么想？你是嘴上说说还是真心道歉？下次再发生这样的事情，不用我说你也要想到向弟弟道歉。”

对于这种唠叨，一个 11 岁的孩子是这么跟我说的：“我讨厌道歉，它让我感觉不舒服。”他知道只要一说对不起，马上就会招来父母一顿说教，告诉他做人要有同情心；或是被父母一通数落以前做过的自私的事，还有让他恨不得捂住耳朵跑开的各种唠叨。

还有些大人，喜欢用令人费解的方式否定孩子的道歉。

比如一位朋友提到的女儿在四年级的老师，每次课堂上有学生捣蛋时，这位老师都会狠狠瞪他们一眼。学生过来道歉，她每次的回答都一样："真要对不起的话就不会捣蛋了。"

这种标准答复听起来令人摸不着头脑，如果是对经常调皮捣蛋的学生或许还说得过去。老师的严厉目光等于命令捣蛋的学生过来道歉，但随后的话语又否定了他们的道歉行为。这种反应让班里不少孩子，包括这位朋友的女儿都感到很困惑。究其原因，老师要求道歉和否定道歉的前后表现完全是自相矛盾的。

怎样才能教孩子学习道歉呢？很简单，学学机场那位母亲的做法，像她接受我的道歉那样接受孩子的道歉。道歉完毕，或许你还有很多想和孩子讨论的内容，但这些话不一定非要现在就说。你可以换一个时间换一种方式去沟通，否则只会否定孩子的道歉，让他们感到无所适从。

不要对他人的道歉字斟句酌

向他人做出深思熟虑的道歉是一种值得称赞的好习惯。但是反过来，要求他人这样做往往会令人感觉失望。这样只会深化和对方的矛盾，使人际关系出现裂痕，甚至是火药味。

前一段时间，我的朋友罗伯特专门从克利夫兰飞到纽约，帮儿子亚伦的小公司搬迁新址。回来之后他感到筋疲力尽，心里还愤愤不平。说起这件事，他自己也有一定的责任。作为一个典型的亲力亲为派，罗伯特在为他人付出方面一直以来都超出自己力所能及的程度，但问题是随后他又会产生愤愤不平的心理，认为受助者对自己缺乏感恩。这次帮助儿子也是一样，他觉得亚伦显然把自己的付出视为理所当然，因此觉得心里很不平衡。他说亚伦从未真诚感谢过自己，至少那份感谢和他付出的时间和精力相比微不足道。

从纽约回来一周后，罗伯特还在这件事上纠结，他决定打电话给亚伦谈一谈。亚伦对此感到很惊讶，对他说："真的吗？我没向你道谢？你来帮我，我当然很感激。好吧，真对不起。"

但是父亲并没有接受这份道歉。罗伯特说："亚伦的话听起来就像在搪塞，敷衍了事，毫无诚意。"怀着这样的感受，罗伯特并没有感谢儿子的道歉，而是开始指责他"自以为是"。他说自己感觉被儿子利用，最后还在电话中撂下一句狠话："下次再搬家，去找搬家公司！"

◇ 要给对方机会

别人道歉时，我们很难评估其真诚度，这样做往往会带来适得其反的效果。焦虑或不适会让道歉者听起来很不自然，当对方满腹委屈时，他们的道歉也很难让人感到真诚。

回想在机场的一幕，当我向那位母亲道歉时，实际上我并不感觉有什么地方做得不对，因此我本以为会听到"没关系"这样的答复。换句话说，我的道歉并不是十分真诚的。但是当对方以那种方式接受我的道歉之后，我才真正意识到行为的不妥，才真正开始体会那位母亲可能产生的感受。同样的道理，如果我们先入为主地认为对方自以为是，或是在对话中投入任何偏见或羞辱对方的观点，我们一样无法感受到道歉的诚意。

对于亚伦的道歉，检测其诚意的唯一方式是看下次他对父亲的帮助能否更好地做出感谢。因此，对道歉进行诚意测试只能是接下来的事情。不过罗伯特也需要自我反省，不能在超出能力范围之外去帮助别人，随后又产生被人利用的愤怒感。

我对罗伯特说，接受道歉并不表示问题能全部得到解决，犯错者得到宽恕，或是以后不再存在继续讨论的空间。后来罗伯特给亚伦打电话，为上次发脾气的事向儿子道歉，亚伦接受了他的道歉。

语言并不是表达歉意的唯一方式

马文的经历让我很难忘。他是一位农夫，因为情绪压抑暴躁，在医生命令下极不情愿地来找我进行心理咨询。他几十年的婚姻正在亮起红灯，在问到家里情况如何时，他说妻子贝尼斯准备把他赶出家门。

马文说自己不是一个好丈夫。在谈起家事时，他的语气就像在谈论天气，跟我说起很多未能陪在妻子身边的往事。他 62 岁那年，妻子做乳腺癌手术，手术时间正排在收庄稼的时候。等妻子从麻醉室醒来等待有人交流时，他不在身旁。马文可以承受繁重的农场劳动，但不善于在投入重大情感的场合沟通。贝尼斯早就不再期望丈夫的温存了，和马文之间一直保持着相当的距离。

有时候人为什么会出现变化很难说清楚。来做心理咨询的这段时间，这个倔强的男人逐渐变得和原来不同了。他对我说，贝尼斯是个好妻子，他总是令她失望，有很多对不起她的地方。但是对于那些往事，马文的道歉根本说不出口，过去的经历也没法进行沟通。他说："事情都过去了，再说也改变不了。我和贝尼斯都觉得道歉无济于事。"

虽然这样说，马文还是觉得可以通过行为来表达歉意。后来他的岳母病重，搬到了离他家只有几千米的看护病房，马文主动承担起责任，在这期间尽到了无微不至的护理义务。在我的亲眼见证下，这个幡然醒悟的男人变成了模范丈夫和模范女婿。马文对我说，他想用这种方式做出改变，以弥补过去对妻子所犯的错误。

在长达三年的时间里，马文不知疲倦、无怨无悔地服侍岳母直到临终。尽管这位坏脾气的老太太从未说过谢谢，尽管她和贝尼斯之间关系并不和睦，但这些都没有阻挡马文赎罪式的付出。除了带岳母去医院治疗，妻子感到力所不支的大小事情他全部包揽。岳母是个虔诚的基督徒，但马文夫妇并不信教，尽管如此，他每个周六都会带岳母去教堂，一直待到她尽兴而归。岳母去世后，马文在妻子的请求下四处打电话，找人张罗葬礼安排。经过这些事情之后，贝尼斯和马文的婚姻逐渐得到了修复。我相信他们的未来一定会更加幸福。

◇ 行动有时会胜过语言

有时候，即便再伶牙俐齿和善于沟通的人，也不愿面对不甚光彩的往事，担心往事重提反而会让人际关系变得更糟，或是不想面对接下来出现的长谈。

我有一位患者就是这样，在女儿十几岁时，她把女儿送到朋友家度过初中和高中时代，自己和新任男友跑到了几千千米之外的城市生活。后来她对此感到非常内疚，但又无法开口和女儿谈论此事。虽然她自己也是心理咨询师，但这件事在她内心一直无法得到排解。再后来，她的女儿生了双胞胎，她搬到了离女儿家不远的地方，开始无微不至地照顾起外孙。她对我说，只有通过这种方式才能弥补过去的过错，为自己带来心理上的平衡。

语言当然是重要的，我写本书也是为了说明这一点。没有道歉的话语和忏悔的表达，我们似乎永远感觉意犹未尽。但是，爱意和悔意是可以通过不同方式来表达的，道歉也可以呈现出不同的形式。

就算再顽固不化的犯错者，也会试着通过非语言方式缓解气氛，重归于好，或是通过具体行动表明自己的歉意和希望修补人际关系的愿望。无论哪种方式，能够有效让对方感受到道歉的诚意都是可行的。

不是所有的错都能宽恕

接受道歉并不一定意味着和解。世界上最完美的道歉也不一定能修复所有人际关系。有时候就算很真诚地说出对不起，问题还是无法得到解决，人际关系之间的信任基础还是无法得到恢复。我们再也不想见到使我们受到伤害的人。

尽管如此，我们还是可以接受他们的道歉。

◇ 乔安的故事

乔安打电话向我寻求心理咨询，谈的是关于以前的好友玛莎的事。她和玛莎是长达七年的密友，后来玛莎到乔安所在公司一起工作。从那之后，玛莎开始背叛乔安的信任，不但打她的小报告，还抢走了她的升职机会。后来，乔安被迫离开公司，这段友情也宣告结束。

随后四年，两人从未见过面，也从未说过一句话。直到有一天，乔安收到玛莎一封很长的邮件，玛莎在邮件中对自己过去的所作所为表示非常懊悔，向乔安做出了诚挚的道歉。玛莎的举动不可谓不真诚，她说非常想念乔安，希望恢复昔日的好友关系。她让乔安在回复邮件时选个日子，两人可以在这一天见面吃个饭，好好叙个旧。在邮件的结尾，玛莎写道："希望你能原谅我。"

乔安想问我的问题是："这封邮件该怎么回？"她相信玛莎的道歉是真诚的，但是谈到见面吃饭这件事，乔安打心眼儿里是一万个不乐意。她本来打算不做回复，但这样做又不符合自己为人处世的方式。

经过一番思索，乔安的邮件是如下回复的。

> 亲爱的玛莎：
>
> 谢谢你的道歉信，你能反思过去发生的事，意识到你的做法对我产生的影响，我很高兴。对我来说，谈论以后能否恢复朋友关系还为时尚早。希望你一切顺利，我们过去的友情也给我留下了很多美好的回忆。
>
> 祝好
>
> 乔安

我觉得乔安的这个回复简直可以做教学样本了。它篇幅很短（短小才精悍），言辞恳切，且毫无赘言。乔安没有说“我原谅你”，因为她无法原谅对方。她也没有控诉玛莎的恶行，埋怨对方把自己害得有多惨。此外，乔安没有语带模糊地说：“或许随着时间的改变，我会有不同的感受。”这样会让对方错误地认为她们之间的友情有可能会恢复。

尽管乔安一开始很想说“我无法接受你的道歉”，但她最终还是选择感谢玛莎这样做。这表明了乔安的成熟，她的回复是出于对个人价值观的践行，而不仅仅是对玛莎错误行为的单纯反应。“感谢你的道歉”并不意味着友情可以恢复到以前的状态，也不表示乔安愿意进一步保持沟通。毕竟，不是所有被伤害过的人际关系都可以被修复。

你有勇气说出“你的道歉我无法接受”吗

有时候我们无法接受对方的道歉也是有原因的。或许是因为道歉者没有真正聆听我们的感受，不清楚我们的观点，或是觉得我们不过是小题大做或是对事情的错误解读。

又或者，这是因为我们厌倦了对方的道歉，厌倦了假大空的“表决心”，因为犯错者并未出现丝毫改变——无论这种行为是吃饭时看手机，还是答应好的事情永远做不到。如果对方无法真正做出痛改前非的举动，我们就有可能让他们明白，再多的道歉也无济于事。

当道歉听起来毫不真诚或是令人感觉在推卸责任时，和对方对峙也需要很大的勇气。有一次，我和几位家长在学校操场上讨论小学教室需要多样化设计的问题，一位母亲提到她儿子的班上有两个黑人孩子，其中有一句说："他们看起来还挺干净，言行也还得体。"我的另外一位朋友，一个男性家长听到后反问："干净和言行得体的黑人？你这句话是什么意思？"那位母亲一下子紧张起来，跟普通人被质疑存在歧视偏见时表现出的感受完全一样。

第二天，这位母亲在操场上又碰到我的朋友，对他说："我很抱歉，你误解了我的话，以为我歧视黑人。我没有这个意思。"对方平静地说："如果你觉得是我的反应有问题，而不是你的话有问题，那我拒绝你的道歉。"随后，她一再强调自己被人误解，还说厌倦了一提到黑人就必须注意表达方式。听到这里，我的朋友打断她说："我想我们看待问题的方式完全不同。"说完便转身离开了。

这位朋友的表现让我很是佩服，他并没有和对方陷入争执或反复表达自己的看法，而是给对方留下空间反省这种言论的影响。或许经过一段时间，对方会对自己的错误做出反思。

学会大度

通常来说，在接受道歉时你应当表现得不卑不亢，哪怕私下里你对对方的道歉并不满意。尽管有例外情况，但总的来说，和对方就道歉问题争得不可开交没有任何好处，我们也不能期望对方的道歉达到本书要求的每一条标准。显然，接受道歉的一方出错并不要紧，它能为人际关系的未来发展创造多种可能性。

接受道歉不一定意味着你和对方之间关于棘手问题的讨论已经结束，不一定表明你对对方发生或未发生的言行表示原谅。这样做不等于既往不咎的表态，而是表明除了愤怒和憎恶之外未来仍存在其他可能的情绪空间。

简单地说，接受道歉只表明你同意暂停争执，放低姿态，愿意释放善意并进行进一步沟通，从而为以后对感到愤怒的话题进行深入交流奠定基础。当然，有些道歉并不值得我们接受，但总的来说，以大度心态接受道歉，为未来人际关系的发展做好铺垫，这无疑是有利无害的。

Why Won't You
Apologize

第 8 章

和解失败是谁的过错

人类很奇怪，越是重要持久的人际关系，我们越是难以对错误行为做出道歉。在这种情况下，双方都认为如果对方不反思自己的行为并做出道歉，两人之间的关系就会止步不前。至于问题是哪一方引起的，有何不对之处，怎样才能修补人际关系以及谁该首先道歉等问题，双方则很少达成一致。

实际上，就算学会如何组织有效的道歉，如果缺乏道歉的动机又有何益呢？面对压力，人们很容易各执一词，对对方的观点或感受充耳不闻。我们总是过度关注对方对我们做过或没有做过什么，却很少关注如何从自己的角度出发，做出妥协或缓和气氛。我们总是希望出现变化，但从不主动做出改变，这样的心态又怎能有利于人际关系的修复呢？

接下来要提到的这对夫妻非常典型，两人对对方都是恶语相加，互相指责。谁也不想向对方做出道歉，更不用说做出有意义的行为改变了。无论面对家庭成员还是身边好友，这个案例对我们周围重要的人际关系都具有指导意义。我们可以从中看出，人际关系的好坏往往是可以预测、具有一定的模式的。

各说各有理

伊娜和萨姆是一对夫妻，两人都40多岁，结婚时间长达 15 年。下面是两人在我的心理咨询室内的互相抱怨。

伊娜提到几天前在芝加哥机场发生的一件事。当时伊娜在停车场等着，萨姆负责从机场往外拿行李。结果萨姆把她的随身包忘掉了，里面有伊娜的钱包、手机和工作文件，这些简直是她的命根子。萨姆很快找回了包，但伊娜还是气鼓鼓的，一方面是怪他忘记这么重要的东西，另一方面是因为丈夫并不觉得这件事值得大惊小怪。她对我说："他的反应跟没事儿人一样，就说了句我回去拿，好像这件事根本不值一提。"拿回随身包之后，萨姆简单道了个歉，然后说不想再讨论这件事，问题到此结束了。伊娜补充道："这已经不是头一回了，他总是做事不靠谱、不上心。每次我一说他，就跟我来一句'这事我不想谈'。他什么都不想谈，只顾着忙自己的事情。"

萨姆说那天他一直忙着搬行李，伊娜因为腰疼没法帮忙。他说自己总是在为妻子忙前忙后，但对方看来看去都是他的缺点。"每件事都要靠我，结果还总是嫌这里不好那里不对。"萨姆还对妻子的夸大其词感到头疼，忘了拿包是不对，可在她眼里，自己成了毫不负责、难以信赖的人。每次感到不满，他都语带讥讽地说："我的小学老师还天天夸我呢，为你付出那么多，你什么时候有过好脸色？"萨姆向我抱怨："这件事被伊娜天天挂在嘴边，我就差磕头下跪了。再说那个包就在行李房旁边，有谁会去偷啊？有必要这么大动肝火吗？为什么每件事都要搞得鸡犬不宁呢？”

◇ 司空见惯的问题

即使互相深爱的伴侣面对压力时，也会出现类似的不同形式的争执。我们时常会把不同程度的应对反应带给家人。如果各位读者看到我和丈夫恶语相向的场面，估计你们马上会把这本书丢到一旁。即使非常幸福的夫妻也免不了吵骂，但是他们之间的问题会很快得到修复，双方并不记仇。

但是伊娜和萨姆的情况不同，他们吵架并不是因为这一天过得很糟糕或是最近情况不顺。他们之间毫无意义的争执和指责正在伤害爱情和友情的根基，使两人的关系变得日益紧张。和其他夫妻一样，他们在结婚时也希望成为大度和充满爱意的伴侣，承诺聆听对方的观点并修补受到伤害的人际关系。但现在他们都感觉筋疲力尽，谁也不愿做出妥协，都坚持认为自己的观点正确无误。

作为两个理解能力毫无问题的成年人，伊娜和萨姆要学习如何做出真诚道歉并不难。问题是双方都不想道歉，都觉得没有理由向对方道歉。

或许各位读者会想，伊娜和萨姆在机场各退一步不就没事了？对伊娜来说，她应当少说丈夫几句，可以对丢包的事情表示担忧，但不要气势汹汹地责骂。对萨姆来说，他应当对犯错做出充满感情的道歉，比方说："哎呀我怎么会犯这种错？真对不起，我马上跑回去给你拿。"拿回随身包之后，他可以再次表达歉意，而不是无动于衷地等着对方发火。他可以说："伊娜，看到包还在我真是谢天谢地，真没想到我会这么粗心大意。"

显然，萨姆的反应不足和伊娜的反应过度在整件事中是互为因果的关系。如果萨姆或伊娜是和朋友或同事出行，我敢肯定他们对丢包这件事的反应会宽宏大量得多。每个人都有其闪亮和宽容的一面，但遗憾的是，有时愤怒、恐惧、压力等情绪或疲劳感会阻止我们表现出自己更好的一面。

◇ 一个巴掌拍不响

机场发生的一幕不过是伊娜和萨姆诸多婚姻写照的一个缩影。萨姆在应对情绪压力时喜欢退缩和保持距离，伊娜则恰恰相反，她喜欢穷追不舍，打破砂锅问到底。无论退缩还是纠缠，都是为了摆脱压力、减轻负担。这两种方式无所谓好坏对错，但退缩者一旦遇到纠缠者，往往会陷入恶性循环。

毫无疑问，如果这两人能比较灵活地改变自己应对压力的方式，他们之间的关系肯定会得到很好的改善。遗憾的是，当我在心理咨询室看到萨姆和伊娜时，两人之间的问题已经由来已久。虽然萨姆置之度外的态度看起来让人觉得他是两人当中比较冷静、讲道理和好相处的一方，但实际上并非如此。退缩只不过是管理强烈情绪的一种方式，谈不上有什么好坏之分，和伊娜喜欢和人当面争执一样无所谓对错。

◇ 错在哪一方

对于萨姆和伊娜之间的问题，我们假设有两位旁观者，看看他们会得出怎样的结论。第一位旁观者可能认为："这哥们太可怜了，娶的老婆这么刁蛮，充满控制欲。遇到这种情况他只能退缩，谁愿意跟这样的女人较劲？不这样做他又能怎样？她总是在抱怨，当然是妻子应该先道歉！"

另一位旁观者说："你说的不对，是丈夫让妻子独自经营婚姻，女方有了委屈又没地方发泄，男方根本不做沟通，毫不考虑女方的感受，所以她才这么绝望。先道歉的应该是丈夫。"

我们总是这样，一遇到问题就想搞清楚谁对谁错，是谁挑起的争端。实际上人际关系问题不是非黑即白那么简单。上面两位旁观者既对也不对，因为人际关系是以圆形而不是线形方式互动的。也就是说，一方的行为会引发并强化另一方的行为。对人际关系问题来说，我们要考虑的真正问题不是争端由哪一方挑起或是哪一方不对，而是双方怎样才能在互动中各自修正自己的应对方式。

◇ 各自承担责任是迈向成功的第一步

当我们意识到自己应负的责任时，从自我角度做出道歉是解决人际关系问题的良好办法。但是，如果我们意识不到改变自我行为对人际关系的好处，认为自己已经力所能及地满足了对方的要求，即使说出“这件事我也有不对的地方”，也不算真正的道歉。对伊娜和萨姆来说，要想真正承担起责任，做出发自内心的真诚道歉，是需要一定勇气的。当然，光做出道歉还不够，双方至少有一方必须改变其应对压力的习惯性行为。

某些伤害和委屈或许可以用一句简单的道歉来修补人际关系，长期形成的错误习惯则需要采用不同的方式来改变。在人际关系问题中，双方都能改变各自的行为当然是最好，但更为常见的是由某一方（通常是感受痛苦更深的一方）推动行为模式的改变。实际上，一方只需做出微小的行为改变，就能带来人际关系的巨大改观，因为这样做能有效打破双方错误模式形成的恶性循环。下面我们来看看萨姆和伊娜该怎么做，怎样才能用行为变化为其道歉做出行动支持。

萨姆的问题：停止退缩

萨姆早已对伊娜心灰意冷，认为自己娶错了女人，忘记了对方的活力、开放和敢爱敢恨的鲜明性格正是当初吸引自己的地方。要想恢复和妻子的亲密关系，他必须鼓起勇气靠近伊娜，以各种方式缩小和妻子之间的距离感。

他可以做出这样的道歉："伊娜，你的话我一直不当回事，不愿讨论你认为重要的问题，对不起，这是我的错，我愿意做出改变。你是我的妻子，我希望能陪在你身边，和你无所不谈。"

除了口头上的道歉，萨姆可以用行动做出证明。他可以给予妻子更多的关注，时常陪伴在她身边，对于工作和家庭中的问题向妻子征求意见，然后感谢她表达自己的观点。当萨姆需要个人空间时，他可以换一种方式向妻子说明，以免引起对方的猜疑和纠缠。比方说要和人见面，在家吃完饭之后再回办公室是一回事，正吃着饭突然说要回办公室是另一回事，给妻子的感受肯定有很大的差别。在和客户或朋友外出时，萨姆应确保妻子可以通过手机或短信联系到自己，这样也能让她产生安全感。总之，他应当通过各种小事让妻子感觉到被爱、被重视和被尊重，就像当初谈恋爱时给对方的感觉一样。

萨姆会心甘情愿地这样做吗？当然不会。但是只要这份人际关系对他来说足够重要，他还是会这样做的。这样有助于萨姆意识到，自己的退缩会助长妻子的不停纠缠，妻子的"无理取闹"在很大程度上是因为无法向他倾诉造成的。的确，伊娜在感觉焦虑时，大部分时间都会说个没完没了，语速快得好像在打机关枪。但不可否认的是，萨姆的退缩和拒绝沟通只会加重妻子的焦虑感，让她更加不停地碎碎念。

◇ 有效表达

此外，萨姆还需要向妻子表明自己能承受多大的情绪压力。不表明自己的容忍底线，萨姆就很难做出行为上的真正改变。

萨姆可以在妻子情绪平静的时候，语气温和地这样说："伊娜，我愿意更好地聆听你的想法。可能是小时候我的父母总是吵个不停，我一听到别人嚷嚷就觉得头疼。每次你用这种方式指出我的问题或表达自己的顾虑，我都不由自主地想要退缩。其实我希望和你沟通，包括你对我不满意的地方，但是我需要你的帮助。"

萨姆还可以关注伊娜积极外向的性格，这一点也正是让他感到抓狂的原因。他可以这样说："伊娜我知道，你的精力和活力，开诚布公地解决问题的方式，这些都是让我感到又爱又恨的地方。在我们家，没有一个人会像你这样解决问题。"

接下来，萨姆可以告诉妻子，他希望她具体做出哪些改变，以帮助他成为更好的聆听者。他可以让伊娜跟自己态度冷静地沟通，不要语带责骂，一次只沟通一个问题，不要老翻旧账。他可以告诉妻子自己愿意坐下来讨论不对的地方，但是不要一进家门就谈，在吃饭时谈，或是在他感觉很累时谈，因为此时他听不进去。至于冷嘲热讽式的指责，萨姆可以明确指出不愿参与这种沟通。他可以对妻子这样说："伊娜，我愿意倾听你的想法，但是在沟通时不要对我有成见。我们可以在态度冷静和尊重彼此的情况下交流。"

简明扼要地说出沟通的底线，表明我们的需要和容忍限度，既有利于维护人际关系，也有利于保持自我。这样做最终会为我们的人际关系带来友好和尊重。大多数性格外向的人宁愿面对态度强势且明确要求自己做出行为改变的伴侣，也不愿面对三缄其口的伴侣。确定且具有建设意义的抱怨可以让伴侣意识到你希望改善人际关系，而且愿意为此努力付出。

总之，萨姆想要伊娜沉默，只会让关系变得更糟。伊娜需要丈夫陪在自己身旁，理解自己，关心自己的感受。当"我不想谈"这句话成为日常模式时，亲密人际关系便会日益凋萎。萨姆应当停止退缩和自我封闭，对伊娜说："无论你想谈什么，我都愿意和你沟通。但是我需要你的帮助，你可以这样做……"

伊娜的问题：停止纠缠

伊娜要做的是减少对丈夫的指责，确保积极评论多于消极评论。和不少婚姻中的妻子一样，伊娜早已忽略对丈夫闪亮一面的关注，天天只盯着不喜欢的一面大发牢骚。虽说她的很多指责不无道理，但是缺少了欣赏和尊重，任何人都不会把你的指责当回事。心理学家艾伦·沃特尔曾明确指出："人人都爱会让我们自我感觉良好的人。"当萨姆明知会受到责骂时，伊娜可以反其道而行之，给丈夫一份表扬和鼓励。

要停止对萨姆的纠缠，伊娜不仅要减少批评指责，还必须缓和情绪强度，沟通时不要大嗓门、打断对方、讲个没完没了、语速快得像打机关枪，或是在对方不需要时动不动就提出建议或纠正其行为。

我这么说，倒不是指伊娜神经质或是有什么性格缺陷。如果把萨姆换作他人，对方可能很喜欢伊娜的这些特点，觉得能找到如此能言善辩、精力充沛和情绪热烈的妻子是一种幸运。遗憾的是，萨姆是个内心平静，不善应对激烈情绪的人，而且时间越长，这种反应越为明显。表面上他和很多退缩者一样爱说"我不想谈"，实际上他是担心会陷入让自己感觉不好的人际沟通中。

当"纠缠－退缩"模式牢固形成后，即使正面积极的情绪反应也会导致人际关系距离的拉大。过于积极或热心（如反复不停地询问对方感受，时刻赞不绝口，在对方煮饭时也要索取热吻）也不好，会让退缩者感觉难以接受。换句话说，缓和情绪强度不只意味着用积极评价取代消极评价，对萨姆这样的伴侣来说，更意味着把情绪强度全面归零，至少在短期一段时间内应当如此，这样才能看出行为调整带来的效果。

此外，伊娜不能自私地看待萨姆需要个人空间的问题。实际上，萨姆冷静和善于自控的一面正是当初吸引伊娜的地方，只不过这些优点慢慢变成了令她抓狂的烦恼。萨姆是个高度内敛的人，不善饭后闲谈或是在头疼感冒这种小事上喋喋不休。越是被人逼着分享个人感受，他就越发表现得自我封闭。和很多男人一样，他也是跟在伊娜后面走进心理咨询室的，自己并不主动。作为一个凡事喜欢自己搞定的人，萨姆在面对压力时总是寻找自我空间来平复情绪。如果把这种差异解释成存在问题的退缩，结果只会使人际关系变得更加糟糕。

接受差异是人类很难面对的一个重大挑战，这种差异也包括管理压力的不同方式。詹妮弗・伯曼有一幅漫画我很喜欢，画中有一只狗和一只猫在同一个床上，狗看起来闷闷不乐，正在读一本书，书名是《爱心洋溢的狗》（*Dogs Who Love Too Much*），旁边的猫在说："我没有躲避你啊，我可是猫，天性如此。"这幅漫画的点睛之处在于，它准确体现了夫妻之间无法相互欣赏或接受彼此不同时陷入的深刻矛盾。维护个人空间不只是萨姆退缩的表现方式，同时也是他生存和处事的方式。只有接受或欢迎这种方式，而不是费尽心思地去改变对方，伊娜才能在改变人际关系方面做得更好。就像伊娜喜欢找人倾诉一样，萨姆在面对压力时喜欢独处，我们对这种差异必须有所认识。

伊娜要想停止喜欢纠缠的习惯，还可以试着转移重心，不要把目光老盯在萨姆身上，可以把精力投入到生活中的其他方面。她可以这样向对方道歉："萨姆，我一直对你絮絮叨叨这样不对，其实我可以把精力转移到其他事情上去，比如和我弟弟保持联系，把律师助理的工作重新拾起来。我发现自己情绪不好的时候总是对你无理取闹，我以后会控制这种行为。"

如果我们总是以焦虑态度或责备方式过于关注他人，做出道歉无疑是有效的人际关系修补方式。在道歉中，我们应说明在自我关注方面出现的不足。做好自我关注有利于打破"纠缠－退缩"的沟通模式，无论对方做出怎样的反应，都能使我们的立场得到稳固。

◇ 改变行为需要付出长期努力

尽管萨姆和伊娜在面对压力时处理人际关系的方式完全不同，实际上他们面对的挑战是一样的。

- 在需要时做出道歉。
- 让对方感觉到被爱被尊重。

- 尊重彼此的不同，包括应对压力的不同方式。
- 强调自我行为的改变，而不是等待对方先做出改变。
- 停止负面评论对婚姻关系的伤害，以正面鼓励取而代之。

对任何人际关系而言，上述目标都是值得遵循的行为指导。这些挑战对于夫妻或家庭关系而言尤为重要，因为此类人际关系更容易出现重大压力。

错误成见

有一个人人都知道的笑话，说夫妻之间每次争吵，结果最后一句话都是男方说的，这句话是："你说的对，是我错了，对不起，下次绝不再犯。"

这个笑话想要表达的意思很明显，女人总是刁蛮难缠，可怜的丈夫为了免生麻烦，只能道歉了事。我认为这个笑话是在侮辱女性，认为她们总是无理取闹，让男人无法跟她们直接交流。这个笑话其实也侮辱了男性，因为它假定男人没办法自我表达，或是根本不知道该从何谈起。这个笑话背后想说的是，男性向女性伴侣道歉，目的不过是避免令人恼火的长篇大论的沟通。

实际上，哪怕双方观点不同，我们也可以选择做出道歉。我们知道，除非有一方能冷静下来，否则真正的沟通不可能实现。因此，我们可以主动抛出橄榄枝，建立比较冷静的情绪环境，促进双方更好地聆听对方，为沟通建立稳定的平台。就算不清楚自己在问题中应负怎样的责任，我们仍可以善意地说“这件事我也有不对的地方”，同时承诺会考虑对方的感受。在此，我们的目标是增加恢复亲密人际关系的机会，而不是为了免除麻烦而做随便敷衍。

◇ 由假入真

当我们陷入萨姆和伊娜那样的情绪困境时，感觉要缓和气氛和首先做出道歉根本是不可能的。我在这里给他们提出的建议可能让人无法开口，因为做起来感觉太虚假。这的确是个矛盾的问题，有时候我们只能通过抑制真实自我和假装某种特定行为的方式来习得真正需要掌握的行为。不同于前面笑话里的虚伪道歉，这里所说的假装，其行为动机是（希望改善人际关系而需付出的）勇气和冒险精神，而不是出于担心或不惜代价地避免人际冲突而去扯谎。

虚假的言辞对女性来说毫无疑问具有负面含义，这一点并不难以理解。很多女性都会否定和抑制自己正当的愤怒和抗议，以牺牲自我为代价来取悦和保护男性，把这种人际关系视为个人生活中不可或缺的依靠。我们从小就习惯为各种事情道歉，习惯用内疚和自我怀疑把自己紧紧包裹起来。

诚然，谁也不愿表现虚伪，或是在人际关系中虚假地呈现自我。对于关系亲密的家人和好友来说，我们本应直言不讳地指出对方的错误或问题，在人际关系中展现全面真实的自我，但是如果随心所欲地任由人际关系陷入危机，使生活变得一团糟，这样的诚实又有什么意义？的确，要想改变我们在人际关系中的习惯性行为，一开始我们不得不假意为之，因为这样的举动会让我们感觉到失去自我。

有一句西班牙谚语说得好，说习惯一开始就像丝线，久而久之就会变成绳股。要做出改变并不容易，对于积极推动我们做出改变的人来说也是一样。实际上只要摆脱了生活中的当前状态，我们就有能力做出惊人的改变。（人际关系中的）退缩者可以强迫自己主动沟通，通过提问和聆听来理解他人的观点。喜欢碎碎念的人可以练习简洁表达，给对方留下更多自我空间。独立性强的人可以少给他人建议，少去纠正别人的错误，不要动不动就摆出自命不凡的样子。喜欢说一不二的人可以学着像小草一样低头弯腰，性子太过随和的人在重大问题面前可以学着像橡树一样挺拔直立。

说了这么多，大家应该明白我的意思。简而言之，你应当既保持自我，又努力展现出新的一面。没有这种冒险意识，你会陷入对自我的墨守成规的认识，从而无益于人际关系的改变。那些善于做出真诚道歉的人，不但能意识到保持自我的重要性，同样能意识到展现出自我另一面的重要性。

任重道远

向人做出道歉只需 30 秒，但在人际关系僵局中改变自己的行为，则是一项长期而艰巨的任务。它不但需要我们付出毅力，还需要我们在面对来自内心和外部的阻力时具备勇往直前的能力。此外，这也是一个约束自我的过程。它要求我们在感觉按捺不住时保持镇定，学会挑选合适的时机和场合，以恰当的方式与对方合理地进行沟通。

改变积习已久的行为模式还需要耐心。显然，伊娜不可能在一夜之间改变自己喜欢碎碎念的习惯，萨姆也不可能在妻子发火时继续保持冷静和时刻陪伴。有利于证明道歉的实质性改变，其发生和作用过程总是非常缓慢的。正所谓欲速则不达，在如此重要的问题上，最关键的不是改变的速度，而是改变的方向。

Why Won't You
••• Apologize

第 9 章

最令人震惊的道歉

有些道歉行为需要付出极大的勇气，以至于让道歉这个字眼儿都显得肤浅逊色。莱蒂的案例就属于此类，她的道歉让我感到极其佩服。

莱蒂和金姆的案例

在为莱蒂做心理辅导一段时间之后，我建议她把 24 岁的女儿金姆也带来做个咨询。结果金姆一直在回避母亲，这表明两人的关系肯定出现了问题。每次莱蒂提起这件事，女儿总是一口拒绝："我不想谈。"

金姆 12 岁那年，父亲进入她的卧室，猥亵了并未睡着的女儿。当时母亲莱蒂不在家，出城送母亲到养老院，直到几个月后才知道这件事。得知整件事之后，莱蒂采取了正确的做法，让全家人都接受了心理咨询。幸运的是，为他们提供帮助的是一位很优秀的心理治疗师。

莱蒂以为这件事得到了解决，没想到造成的创伤依然存在，一家人的关系至少和这件事发生之前的情况完全不同了。最近，金姆的父亲因为心脏病去世，他的死再次搅起往事，揭开了金姆内心的旧伤疤。

金姆一开始拒绝和母亲一起参加心理咨询，直到几个月后才终于同意只来一次。当我问起父亲死后她的近况时，金姆忍不住对母亲厉声指责起来。作为一个训练有素、善于在激烈情绪场合保持冷静的人，金姆把怒火发泄到母亲而不是父亲头上，这让我感到十分担心。整件事给我的感觉是，金姆指责是母亲的原因导致父亲做出那样的行为，导致了他对母女关系的背叛——在此类事件中，女儿会产生这样的感受并不罕见。

正当我准备进行调解时，莱蒂起身把椅子拉到了女儿跟前，我以为她会按捺不住向女儿大喊："你怎么能这么说？你爸做的错事反过来怪我？我一开始又不知情！"

没想到，莱蒂转向女儿动情地说："对不起，小金，真对不起。当时我并不知道，没能及时保护你。很抱歉我们家会发生这么可怕的事情，让你不敢对我说出实情。我对不起你。"随后，莱蒂开始哭泣。金姆抱住母亲，两人一起痛哭起来。

我真不知道莱蒂是怎样做到的，如此诚恳又毫无戒备地向女儿全面敞开内心。她道歉不是因为感觉女儿遭受虐待是她的过错，也不是因为感觉自己是个不称职的母亲。面对女儿的无情指责，她选择毫不设防地聆听和表达自己的关爱。

莱蒂的泪水不是为了化解女儿内心的愤怒，也不是为了转移话题哭诉自己的伤痛，更没有让女儿反过来安慰和保护自己。她是为自己在这段惨痛经历中的过错而道歉，令女儿感觉到真诚，因此对自己和女儿都具有显著的治疗效果。

莱蒂的道歉之所以具有显著的治疗效果，是因为它不带任何多余表达。她没有说“对不起，但是你要知道当时我并不知情”；没有说“对不起，你父亲是个意志薄弱的人，他也控制不住自己”；没有说“对不起，这件事已经过去那么久了，我们还是得向前看”；她甚至都没有说“对不起，希望你能原谅我”。莱蒂当然希望女儿能原谅她，但真诚的道歉并不需要对方做任何事，甚至不需要请求对方的原谅。

◇“对不起”只是第一步

莱蒂对女儿的道歉简直无懈可击，接下来的一周我遇到她时，她表示希望过去的痛苦能尽快结束。这是人之常情，我们都希望如此痛苦的经历能尽快得到解决，但问题是事实并非如此。

在后来的心理治疗过程中我了解到，金姆 13 岁那年，全家结束心理治疗之后，母女之间再也没有提起过这件事。在母亲看来，多年来不提这件事是出于对女儿的保护心理。没想到的是，这种方式却让情况变得更糟，她在不经意间造成了让女儿独自面对惨痛经历却又无法言说的痛苦。当人们经历像金姆一样遭遇的梦魇时，他们往往会受到两次伤害，第一次是痛苦经历带来的伤害，第二次是希望找人倾诉却无法得到回应带来的伤害。

经过几次心理治疗之后，有一天莱蒂提起了周六晚上和女儿一起吃饭看电影的事，这是在金姆的父亲葬礼之后，母亲第一次约女儿一起活动。这场电影是莱蒂选的，没想到里面有一幕是少女被强暴的镜头。看完电影，两人在餐厅吃饭闲聊的时候，谁也没有提起电影里的那一幕。

“电影里的强暴镜头会不会让你想起发生在女儿身上的经历？”我问她。

“当然会，我敢肯定金姆也会想起过去的事，这还用说吗？走出电影院时她情绪很低落，这都是我没选好电影的错。”

“那你有没有想过和她谈一谈？”我这么问是因为，这件事毕竟对两人都有影响。

“没有，我本来打算带她出来散心，结果却选错了电影。再提起那一幕岂不是让情况变得更糟？如果金姆想谈的话，这件事应该由她提起。”

影片中的强暴镜头无疑勾起了母女两人心中的惨痛回忆。现在媒体上到处都是宣扬性暴力的画面，想必金姆内心的伤疤肯定被揭开过无数次。但是这场电影是在金姆的父亲死后，第一次对往事的触发，随后导致了母女之间距离感的出现。

如果那天离开电影院莱蒂换一种方式跟女儿沟通，结果又会怎样呢？比方说，她可以像之前道歉那样用同样开放和真诚的方式对女儿这样说：

> “真对不起，金姆，我选的电影不好，我本来打算让你轻松一下，没想到搞得今晚这么沉重。我简直不知道是不是该开口提，我想让你知道，看到强暴镜头时我忍不住想起你父亲的兽行，那一幕实在令人感到痛苦。我想让你知道我爱你，你不用独自忍受这种痛苦。”

金姆会对这番话做出怎样的回应呢？她会感到紧张焦虑，敷衍了事地说“我不想谈这件事”或是“算了，不用担心”。再说，周六晚上也不适合谈论如此沉重，自从她 13 岁之后就一直没有提起过的话题。实际上，即使在最适当的场合进行这番对话也绝不轻松。

但是长期来看，金姆的内心会发生怎样微妙的变化呢？我认为，母亲的这番话会慢慢对女儿产生影响，让她充满感激，感谢母亲以这种方式来帮助自己。

◇ 继续对话

经过上次在治疗室的真诚道歉之后，我问莱蒂接下来会不会继续和女儿沟通，她的回答不出我的意料：“我会等金姆主动提起，这件事应当由她来主导。”对于痛苦或充满创伤的过往经历，我们必须让受伤害的一方主动发起对话，只有这样才有可能解决问题。但需要注意的是，这种问题不只是受伤害方自己的任务，而是沟通双方的任务，因为这是需要她们共同面对的问题。

随着交谈的深入，莱蒂意识到必须让女儿明白上次进行心理咨询的重要性。保持沉默并不是应对问题的理想方式，它只会造成母女之间产生距离，起码会让沟通机会白白丧失。

离开我的办公室后，莱蒂打起精神，做了几个深呼吸，然后给金姆打去了电话。她首先感谢女儿上次跟她一起参加心理咨询，然后这样说道："我一直在想，这么多年来我从没问过你对那次伤害的感受，没问过它对你的成长有什么影响，没问过你内心怀有怎样的愤怒或焦虑。上次看电影时出现的那一幕一直让我感到不安，吃饭的时候我实在难以向你开口提起。"

金姆的回答很干脆："没事，过去我不想谈。"

"但是这件事对我很重要，我希望能和你无所不谈。"

"我不明白你的意思。"

"好吧，我们以后再谈。"

对于他人希望忘记的经历，我们最好不要过度探寻或是往事重提。不过既然往事已经重新泛起，我鼓励莱蒂主动展开沟通，把握好时机和直觉跟女儿进行交流。在这个问题上，关键在于保持交流畅通，而不是把话题集中在过去的伤害经历，或是操之过急地想要一次性解决问题。

◇ 出现转机

如此困难的沟通就像走钢丝一样风险极高，但莱蒂还是努力在维持平衡。她既不想强迫女儿谈论往事，也不愿回到过去的沉默状态。她一直在小心翼翼地找机会，在合适的场合问女儿几个实际问题（而不是容易引起情绪抵触的问题），例如“你的好朋友琳达知道这件事吗”“她是什么反应”“你有没有向其他值得信任的人说过这件事”。

此外，莱蒂也在思考自己在这件事上的过错，带着真诚的悔意对过去进行回顾。她对女儿说：“金姆，你父亲死后我一直在想，为什么那件事发生之后我从未问过你任何有关的问题。虽然我有过这样的念头，但并没有跟你讨论过。之所以这么做，是因为我觉得既然你不愿提起，我肯定不能主动提起。现在看来这么做是错的，无形中让你独自面对伤痛。我觉得很对不起。”

“你不用再道歉了，已经够了。”

“好吧，我不道歉了，但是我希望你明白，无论何时何地你想和我沟通，我都愿意分享你的感受。”

一来二去，几个月后母女俩之间发生了几次并不愉快的沟通，这让莱蒂感到备受打击和误解。最难过的是，金姆和母亲为她（莱蒂的）婚姻问题发生了争执。

一天午饭后，金姆气愤地说：“你既然知道了他（父亲）

对我做的事，为什么还和他在一起？我 17 岁那年你和他离婚是因为他有外遇吗？他有外遇这件事难道比猥亵你女儿这件事更重要？你到底是怎么想的？”

莱蒂一时语塞，感觉一句话也说不出来。金姆继续道：“这件事好像你压根儿没再考虑过，好像被你们（莱蒂和父亲）完全抛到了脑后。我可做不到，因为这件事发生在我身上。”

如果不是因为莱蒂努力保持沟通的畅通，这次对话根本不会发生。作为普通人，谁不想尽力避免他人的指责？正因为如此，我们才很难产生保持对话的动力，以免继续遭受对方的攻击。如果没有把握未知的信心，没有面对羞辱的强大自信，我们怎么可能继续深化如此高风险的对话？

即便备受打击，莱蒂仍在继续坚持。她向女儿开诚布公，诉说了她对婚外情事件的愤怒，直到和父亲离婚前她再也没去过婚姻咨询中心，这些事实际上都和女儿的遭遇有关。她说，婚外情事件加速了她和父亲的离婚，因为这件事让她想起了他对女儿施加的暴行。莱蒂告诉女儿，这件事从来没有被她抛在脑后，一天也没有。她还提到，自从那件事之后，她和丈夫再也没有发生过性关系，从此离婚的念头一直都在她脑子浮现。

莱蒂还告诉金姆，她不愿为自己的选择找借口，过去的决定即使在她自己看来也缺乏正当的理由。她只能百分之百地让女儿确信，她绝不会拿父亲出轨这件事和金姆小时候受到性侵犯相提并论。

莱蒂说："让你独自面对受伤害的经历，我不知道该怎样表达自己的歉意。如果时光能够倒流，我一定会选择不同的方式应对。不知道我怎样做才能对你有所弥补？"

"你什么也弥补不了，"金姆说完之后心就软了，流着泪又补充道，"但是至少我赢回了妈妈。"

Why Won't You
••• Apologize

第 10 章

关 于 原 谅

最近我一直在和同事讨论美国黑人作家克劳迪亚·兰金（Claudia Rankine）的作品《公民》（*Citizen*），她的作品反映了黑人在美国受到的种族歧视问题，书中有一段写的是去见白人心理治疗师的遭遇。

> 这位治疗师擅长做创伤心理咨询，此前你只和她在电话上沟通过。她的房子有个侧门，通向院外的一个黑色入口，那里是来访者出入的通道。你穿过长满野草和迷迭香的小道来到这个入口，结果发现门是锁着的。
>
> 回到前门，你使劲儿按了按门铃，过了好半天门终于开了，一个女人扯着嗓子大吼："快走开！你在我家院子里干吗？"
>
> 那副气汹汹的架势，活像狂吠不停的杜宾或牧羊犬。你吓得退后几步，然后说是来做咨询的。啊？来做咨询的？对方愣了一下，然后满脸堆笑地说："哦，对了对了，真是抱歉啊！"
>
> "真是太抱歉了！"

这段描述对人物的刻画可谓入木三分，尤其是那句"真是太抱歉了"，即使语气真诚感觉也未免太过简单。显然，这位治疗师很难再扭转局面，因为信任的基础已经被破坏到难以修复的程度。

同事说："我觉得作品中的主人公很难原谅这位心理治疗师。"说话间，我们的话题从种族歧视转到了原谅他人方面。

"她为什么要原谅对方？"我问。

"应该的啊！没有谅解就无法获得内心的平静，无法治愈人际关系的伤痕。"同事停了一下，接着又说："我工作最难的部分就是帮助患者原谅他人，哪怕他们此后再也不想和犯错者打任何交道。"

接着，他开始阐述原谅他人是重要美德，是最高形式的爱，有利于维持良好的心理和生理健康，云云。他还引用了我那天早上在脸书上读到的心灵鸡汤："原谅他人可以释放受困者的内心，受困者不是他人而是你自己。"最后他总结，只有原谅和宽恕才能让受伤害的一方化解内心的愤怒和恨意。

我不同意这种貌似无害的心灵鸡汤式的观点。难道说只有原谅他人的过错，我们的生活才不会陷入痛苦挣扎，不原谅他人的过错，人生就不够圆满，我们就极可能出现情绪问题或生理问题吗？临床心理学家詹尼斯·斯普林（Janis Spring）也提出过反对的观点，她在作品中对"原谅即美德"这个老掉牙的观点做出了精彩的反驳。斯普林认为，谅解和宽恕绝不是可以轻易说出口的话语。在时机不成熟的情况下，急于原谅他人以修复人际关系的做法，往往会得不偿失。

尽管同事提出的观点在很多专家学者、宗教领袖和大众流行文化中十分受欢迎，我却认为如何明确定义“原谅”这一表述目前仍是一个问题。对于这个课题，我个人的调查研究表明，并不存在放之四海而皆准的定义。更重要的是，实际上恢复人际关系的方式有很多种，不一定都需要我们做出原谅他人的举动。下面我们就来分析解读一下到底什么才是原谅行为。

究竟何为原谅

很多来心理诊所的人都希望摆脱以往伤害造成的痛苦。无论伤害他们的人是说过对不起，还是像莱蒂和金姆那样经历过漫长的煎熬，犯错者都没有得到谅解。

比方说“我想原谅父亲”这句话，虽然看似简单，但对不同的人却有不同的含义。为此，我向前来寻求心理治疗的患者问了很多问题，希望他们能帮助我更好地了解这一表述。

随着交流的深入和长时间的倾听，我发现尽管很多人会用这个词，但他们真正表达的其实和原谅无关。相反，他们的目的是化解自己的愤怒和痛苦情绪。换句话说，他们所谓的原谅并非真正的原谅，不过是想让自己感觉正常，不要落入愤恨难平的负面情绪中无法自拔，不要恶毒地诅咒背叛自己的朋友或是那些在背后说坏话的小人，盼望他们霉运连连。在这里，“我想原谅某人”真正的含义是“我想忘记过去的不愉快，寻找内心的平静”。

还有些人希望从内心深处对不知悔改的犯错者做出谅解。对他们来说，原谅他人是其宗教信仰和人生观的重要组成部分。尽管如此，很多人这样做也是为了卸下愤怒和憎恨的心头重担。从这个意义上说，他们真正寻求的是解脱和放下，希望继续前行的超脱，而不是对对方的原谅。

关于“放下”

谈到“放下”，禅宗里有一个很有名的小故事。这个故事是这样的：

两位和尚出门，在河边遇到一位妇人。妇人身穿绸服，蛮横地要求他们帮忙背自己过河。小和尚对妇人视若无睹，径直走下河去，老和尚则背起妇人过河。到达对岸后，妇人扬长而去，连一句谢谢也没有说，令人感觉非常自以为是。

两个和尚继续前行，小和尚对师傅的做法感到很不解，心中充满了疑惑。到达目的地后，他终于忍不住好奇，向师傅问道：

“你怎么能背那个妇人过河呢？做和尚的不是不能接触妇人吗？再说，她又那么无礼，连一句谢谢都没说。”

老和尚说：“一过河我就把那位妇人放下了，为什么你还念念不忘呢？”

就像老和尚说的，放下并不意味着原谅、忘记，或是掩盖他人的错误行为。从佛教观点来说，原谅的本质是放下。但这并不表示我们必须为了放下而原谅他人的特定行为。我觉得这个老和尚心中根本就没想到过原谅这回事。他丝毫不把妇人的无礼放在心上，事后也没有耿耿于怀，更没有庸人自扰地希望对方做出改变。

放下是一种自我保护，它能帮助我们从负面情绪中得到解脱。长期陷入慢性痛苦会使我们的精力和创造力逐渐被侵蚀，每一天都过得郁闷而失落。一旦被无益的痛苦牢牢攥住，我们就会停留在过去，无法正确面对当下，无法乐观积极地面向未来。心理学认为愤怒情绪可以分为两种，一种是有益的愤怒，它能维持我们的尊严和自我；另一种是无益的愤怒，它会让我们生活在黑暗的痛苦中无法自拔，时刻充满怨恨和报复心理。显然，后者只会让我们充满负面情绪，生活从此变得消极黯淡。

当然，现实生活中令人感到痛苦的遭遇并不像两个和尚的故事那么简单。对陌生人的无礼置之一笑并不困难，要放下好友背叛带来的伤害就不那么容易了。实际上，无论经历的是微小伤害还是重大背叛，我们都不必为了寻求内心平静而原谅犯错者的行为。我们需要的是随着时间的推移，慢慢驱散内心的负面情绪。我们需要接受这样一个现实，有时候犯错者就是不思悔改和不愿认错的。对我们来说，既然不能改变对方，我们只能选择是不是要背负着这份痛苦继续前行。

放下并不容易，当犯错者不肯悔改时，我们可以通过原谅对方来放过自己，除此之外别无他法。

原谅有多种解读方式

有一天我读到作家安·拉莫特（Anne Lamott）的一句话："原谅是一种极为重要的心灵馈赠，多年来我一直利用它来治愈伤痛，直到形成对他人几乎条件反射般的同理心。"我很喜欢这句话，因为它很好地引发了我的思想共鸣。但同理心不等于原谅，也不需要原谅。

◇ 原谅对你意味着什么

我问过100多位受访者，请他们说明对原谅这个词语是怎样理解的。我的问题包括："你怎么知道自己已经原谅了他人？真正原谅他人会传达出怎样的信号？原谅他人的过程又会传达怎样的信号？”对于这些问题，我要求受访者给出具体案例进行说明。调查发现，关于原谅他人，尽管我们说的是同一回事，使用的语言却很不相同。

这些受访者的反馈证实了我在心理治疗工作中观察到的现象。很多人使用这个词来描述伤痛感的远离。他们不再纠结于以前受到的伤害，即使回想起他人的伤害行为也不再有情绪波动。谈到谅解时，他们表达的是过去的伤害不再对自己产生影响。即使偶尔仍会感到愤怒，这种情绪出现的频率和强度也在逐渐降低，给自己留下的空间越来越大。

有些人从很高的精神层面来理解这个词。“我在原谅他人时，会用爱和光围绕犯错者。从心底向对方释放善意，祝福他们幸福快乐。”在心理咨询工作中，我曾遇到过这样的人，他们拥有异于常人的宽容力，即使在很极端的情况下也能原谅对方。哪怕犯错者有滔天的恶行，他们也能以爱心和慈悲的胸怀来面对。

对于后面这种情况，原谅行为已经远远超出忘却过去伤害的程度。它更进一步，意识到犯错者内心也有伤痛，祝愿他们也能幸福平安。可以说，不是每个人都能做到这种程度的宽容，也不见得每个人都会为此目标努力。当然，如果人们原谅犯错者是为了让自己摆脱痛苦，这种做法也没什么不妥，不能说就比第二种情况低劣或心胸狭隘。

◇ 我的看法

原谅这个字眼我很少使用，只有那些做到敞开心扉聆听和认真自我反省的犯错者才值得被原谅。对于既缺乏真诚道歉，又不肯真正悔改并承诺不再伤害我们的人，我实在不明白原谅他们有什么意义——当然，我们还是要爱他们，希望他们一切都好。

对我来说，“原谅”这个词更多地意味着尊重。我们不能要求、命令或强迫他人原谅自己，或是毫无理由地原谅他人。对于密切的人际关系，我非常认同詹尼斯·斯普林的观点：“原谅不肯道歉的犯错者无法修复你的内心，犯错者只有通过身体力行来赢得宽恕，才能换取内心的平静。”

这倒不是说我是个不肯原谅他人的人。正相反，我可以设身处地地理解那些曾经伤害过我但从未做出过道歉的人，明白他们为何无法正视自己的漠然或卑劣行径。多年的生活和工作经验告诉我，要学会从更高的层面审视犯错者，不要把他们视为本质恶劣的人或极度缺乏同理心的人。在看待人际关系的问题时，无论是我个人或他人的问题，我都尽量从不同的角度来理解。我总是教导人们去了解行为模式，而不是简单地指责或挑剔犯错者的毛病。

因此，当我受到伤害而犯错者却毫无意识，在沟通过程中强词夺理，从未悔改且认为无须道歉时，“原谅”这个字眼显然不适用于这些场合，无法让我的内心得到平复。

◇ 我和本的对话

谈到“原谅”的复杂性，这让我想起和小儿子本进行过的一次对话。当时我正在写作《母亲之舞》，其中有一章的标题是“哪些母亲会憎恨她们的孩子”。上高中的本不认同这个标题，认为母亲不会憎恨自己的孩子，要我删掉这样的字眼。本就是这样，总喜欢跟我争论。

在对话中，我发现本担心的是恨会永远超过爱，成为一种永久不变的心理。我的看法是，我们只会短时间地恨一个人，人的心灵不会永久不变，爱和恨是可以共存的。

说着说着，我们的话题跑偏了。

本问道：“如果我杀了人你还爱我吗？”他就喜欢钻牛角尖。

我愣住了，他接着说：“如果我把哥哥杀了，把爸爸也杀了，那你还爱我吗？”

我说我从未想象过这种问题。

我的回答是：“做出这种事情的话，你就不是你了。”

本并不满意，继续较真地问我是否还爱他。

我说是的，当然还爱。

他又提了一连串问题。

好吧，我还是会爱他，会去监狱探望他，尽管我内心充满伤痛，对他充满憎恨，但是我不会对他撒谎，也不会原谅他——但是我依然爱他，他永远是我生命的一部分。

本终于满意了。

本能意识到这个问题的复杂性，这让我感到很高兴。我无法想象会原谅他，同样无法把他赶出我的生活。换句话说，我对他只能既爱又恨。在这个问题上，很多心理专家持非黑即白的观点（要么原谅犯错者，要么自己忍受愤怒痛苦的内心煎熬）。这样做是把复杂的人类情感错误地简化成两极模式，幸好我的两个孩子很小就明白这是不可取的。

“为什么你不能原谅他？”

如果认为宽恕像感恩一样也是具有普遍治愈作用的情绪，你会鼓励人们原谅那些伤害过他们的人。这样认为的初衷是好的，但问题是有可能会让受到伤害的一方再次成为受害者。

比方说上一章莱蒂和女儿金姆的案例，当金姆最后说“但至少我赢回了妈妈”时，这句话无疑是发自肺腑的原谅。这份原谅，是靠母亲全心全意的聆听，对女儿感受始终如一的支持，坚持不懈地寻找机会对话，毫不含糊地对所犯错误进行道歉之后，才最终从金姆那里赢得的。

反之，对于女儿的愤怒，如果莱蒂的回应是："金姆，以前的事都过去那么久了，我是有错，但这件事我们都有责任。老是对过去念念不忘有什么好处？你就不能原谅他向前看吗？"结果会有怎样的不同呢？

这样说的话，即便初衷再好，也会让金姆感觉无助，感觉再次被母亲抛弃。她心中的愤怒可能会升级，在和母亲的互动中郁积越来越多的内心痛苦。这一切之所以没有出现，正是因为母亲没有要求女儿原谅自己。

受伤害的一方想听到的是什么呢？在遭到伤害背叛或是受到忽略时，产生愤怒或痛苦感受的一方通常不会马上得到对方直接、明确和真诚的道歉。无论受到伤害的一方是孩子还是成人，他们经常会被告知这样（错误行为）没什么不好，被告知其感受是错误、不合理或疯狂的，被告知这样（错误行为）是必需的，甚至是他们自己的过错和选择，是他们自己的行为导致的结果。

要想改变这种情况，受伤害的一方需要犯错者明确承认为他人造成的痛苦经历，意识到自己产生愤怒感受是完全正常的。在这种情况下，建议受害者原谅犯错者只会让受到伤害的一方再次产生激烈的情绪波动，再次感到被人抛弃。哪怕受到的伤害或侮辱并不严重，这种处理方式（对受伤害一方）也弊大于利，对于严重伤害来说这样做简直无异于倒行逆施。

对受害者来说，“为什么你不能原谅他”是他们最不愿听到的一句话。类似的表达还有：“她已经尽力了”“事实就是这样”“这件事都过去40多年了”——没有一个有利于解决问题。记住，劝慰他人放下愤怒和痛苦感受，让自己获得内心的解脱是一回事；建议他们忘记伤痛，主动原谅不肯悔改的犯错者却完全是另一回事。

原谅的程度

原谅他人，这一举动经常被视为非此即彼的模式。换句话说，要么接受犯错者，要么拒之于千里之外；要么原谅对方，要么永远无法宽恕。实际上，我们可以原谅对方95%或是2%的程度，或是根据个人感受选择更为适当的程度。我曾利用这个简单的办法帮助很多患者摆脱苦恼，下面我们通过一个案例来看具体了解一下。

◇ 我该不该原谅丈夫的婚外情

发现丈夫萨姆有婚外情后，洛萨和萨姆走进了我的心理咨询室。面对妻子的盘问，萨姆没有否认出轨的事实，随后他很快断绝了和情人的一切联系。

让我欣慰的是，洛萨并没有拿这件事要挟和丈夫离婚。婚外情并不是只会出现在不幸婚姻中的异常事件，美满的婚姻也会出现婚外情。萨姆和洛萨已经结婚多年，有 7 岁和 10 岁的儿子，应该说还是有相当的感情基础。这次丈夫积极响应妻子要求来做心理咨询，已经为争取原谅迈出了第一步。

分析两人的婚姻背景是一件缓慢而辛苦的工作。洛萨的痛苦可以理解，这个让她信赖和感到忠诚的男人竟然撒了近一年的谎。除了性背叛之外，各种欺骗行为更是加深了洛萨心中无法言说的痛苦。尽管丈夫不停道歉并表示悔恨，洛萨依然会不时感到愤怒、消沉、疯狂和失落，对婚外情的细节纠缠不休，觉得自己的人生从此将不再正常。尽管萨姆一再诚恳道歉，承诺愿意说出实情和抵制诱惑，愿意尽一切可能来修补夫妻关系，但洛萨的愤怒和痛苦情绪并没有马上消失。

虽然表面平静，洛萨时不时仍会毫无征兆地被婚外情这件事扰乱心绪。她需要不断谈起这件事，此时萨姆就成了专注的聆听者。经过我的帮助和推荐阅读詹尼斯·斯普林的心理作品《婚外情之后》(*After the Affair*)，萨姆承诺愿意随时聆听妻子内心情绪的发泄，这种情绪有时候需要发泄很久。

就像莱蒂对待女儿那样，萨姆逐渐习惯了妻子的发泄，学着体会对方的感受了。他不再像开始那样被动等待洛萨的指责，而是主动谈起这个话题。他会观察妻子的反应，然后告诉她自己一直愧疚不安，一直想着对她造成的伤害。萨姆既没有让妻子独自面对伤痛，也没有把保持沟通的责任推给对方。

斯普林把这种变化称为“警惕感转移”。她指出，在婚外情中出轨的一方经常抱怨称：“我道歉了这么多次，你怎么还是抓着（婚外情）这件事不放？”在这个案例中，丈夫当然希望妻子忘记过去向前看。但斯普林认为，如果丈夫无法陪在身边聆听妻子的痛苦，无法接受她的观点并持之以恒地加以关注，妻子内心的伤痛是不可能愈合的。在萨姆夫妇恢复信任关系的艰难过程中，斯普林的这本书为他们提供了很大的帮助。这表明，“对不起，请原谅我”这句话毫无意义，哪怕说一千遍也没用。

结束心理咨询几年后，萨姆和洛萨打电话给我，想为教育孩子的事情向我寻求建议。在这次咨询快要结束时，萨姆转向妻子，突然换了个话题，问她有没有原谅自己。显然，这个问题他曾问过洛萨很多次，但这一次问得很突然，我猜大概是重访心理咨询室让他想起了当年的经历。

洛萨沉默良久并不回答，似乎不确定该怎样做出回应。这时，她想起了我之前教过的办法：你可以根据自己的感觉选择在多大程度上原谅对方，这种原谅并不表示未来的婚姻中不再感到愤怒和痛苦，而是一种混合着爱和同情的态度。

最终，洛萨平静地说：“九成吧。”萨姆听得一脸疑惑。

洛萨补充道：“婚外情的事我原谅你，但是我出城那次你们睡在我的床上，这件事我永远不能原谅你。”

洛萨肯原谅丈夫90%，这足以推动他们的婚姻继续前行。几年来，萨姆一直在努力赢得妻子的原谅，一直在努力重建夫妻信任关系。从某些方面来看，他们的婚姻甚至比出现婚外情之前更牢固了。我想这是因为“还有一成需要努力”的表态让萨姆更为尊重妻子。再过几年，或许洛萨会把这10%的原谅给予丈夫，当然也有可能不会。无论是哪种情况，洛萨都很清楚，并不是所有事情都可以轻易说原谅的。

安妮姑姑的案例

不同于有些人忙着肤浅地原谅他人，还有些人属于死也不肯谅解他人的另一种极端，我爸爸的大姐，安妮姑姑就是这种人。自从我在威斯康星大学大二时收到她寄来的礼物没有道谢之后，安妮和我断绝了一切往来。尽管多年来我一直在诚恳道歉，努力尝试进行沟通，但每一次的结果都是被对方回绝。

我寄给她的贺卡和包裹总是原封不动地被退回。有两次我给她在洛杉矶的公寓打电话，一听到是我的声音她就把电话给摔了。唯一一次回复是我的婚礼邀请函，她在信中冷冰冰地表示拒绝参加。她和我的妹妹苏珊也是毫不往来。对她来说，原谅他人是一件不可能的事情。她对别人的任何过错都斤斤计较、睚眦必报，无论这种伤害是真实的，还是自己臆造的。

说起我们家祖上，老死不相往来真算得上是个历史悠久的传统。作为哺乳动物，人类在面对压力时会自动进入“战斗或逃跑”的心理选择模式。我姑姑安妮和父系家族中的不少成员，都是典型的逃避型心理。我的奶奶蒂利活着的时候，跟整个家族里的人都不联系。她去世的时候，甚至和唯一的女儿，我的姑姑安妮都不说话。母女两人就住在同一个小区，但是几乎 20 多年都没有彼此说过话。

我的父母都是俄罗斯犹太移民的子女，当年这些新移民经历了千辛万苦，终于从寒冷的冰雪国度移居到美利坚。我母亲的家族强调“血浓于水”的亲情，遇到的处境越是艰难，整个家族的联系纽带就越密切。

我的父系家族则不同，他们应对焦虑情绪完全是另一种方式。这个家族的成员一旦感到愤怒或受到伤害，会彻底断绝和对方（伤害者）的人际交往，好像对方从此在他们的生命中消失了一样。如果和家族成员发生争执或受到他们的冒犯，受到伤害的一方绝不会原谅对方，甚至无视对方的存在。经过很长一段时间之后我才明白，无论怎样补救或道歉，安妮姑姑都不会再跟我交流。尽管这不是针对我的个人行为，但仍让人感到非常无奈。

实际上，每一个家族和每一种文化在做出道歉和接受道歉方面都有其独特的传统。家庭关系心理治疗专家莫妮卡·麦高里克（Monica McGoldrick）在描述爱尔兰传统时提到过一个玩笑，把那些不肯道歉的人称为“爱尔兰老年痴呆患者”，因为他们除了记恨别人之外什么都不记得。相比之下，犹太文化非常强调对犯错者的原谅和宽恕。

当然，万事都有例外。我的父系家族中不少亲戚也很擅长沟通。莫妮卡虽然是爱尔兰家族的血统，但非常善于聆听他人的观点，即使出现重大差异时也能有效和对方保持沟通。她的心理作品《和睦如初》（*You Can Go Home Again*），能帮助读者以最大的可能去理解陷入紧张关系的家庭成员。对于这样的作品，我的姑姑安妮估计看也不看就会扔进垃圾桶。

当伤害尚未得到修补时，思考家庭成员是否善于同情和谅解他人（对解决问题）很有帮助。分析家族成员应对紧张人际关系的模式，可以帮助你更清晰地了解自己应对羞辱和伤害的习惯反应。我想没有多少人愿意像安妮姑姑那样对待他人，当然我们也不必跟每个伤害过我们的人握手言欢。正所谓过犹不及，任何一种极端表现都不可取。

最后的忠告

在几十年的心理咨询工作中，我碰到过很多在是否原谅他人的问题上感到纠结的来访者。我对他们的忠告是：不必为摆脱痛苦或负面情绪去原谅犯错者。即使不原谅他们的某种行为或不作为，我们仍可以对犯错者保持关爱和同情。不原谅对方，选择和他们不再相见或往来，这并不表示你是一个缺乏关爱或不完整的人。无论对方为我们带来的是巨大伤痛还是无数微小侵害，即使我们已经走出阴影，带着遗留下来的愤怒感继续生活，或许这会让我们成为更加强大和更为勇敢的人。

最重要的是，千万不要让别人告诉你该不该原谅犯错者，哪怕他们是你的心理治疗师、母亲、老师、精神指导、好友或人际关系问题专家。

Why Won't You
••• Apologize

第 11 章

怎样让内心平静

犯错者对其行为越是不思悔改，他们对自我的放任就越是变本加厉，受到伤害的一方就越发容易陷入愤怒和痛苦中无法自拔。如果得不到犯错者真诚的道歉和忏悔，我们又该如何呢？怎样才能摆脱痛苦，让自己获得解放呢？

人人都不愿承受痛苦，但我们遇到人际关系问题时很容易钻牛角尖，越是苦恼就越无法放下。对公正的向往、对他人行为动机的苦苦分析，以及先入为主的认识偏见，都是推动人类进步的要素——无论这种伤害来自陌生人的鄙夷，还是亲朋好友的惨痛背叛。

来自母亲的建议

我小时候在纽约布鲁克林长大，从母亲身上学到了一份宝贵的人生经验。如果有人对她出言不逊或是行为无礼（比方说在超市结账台遇到坏脾气的收银员），她会说："这个人肯定很不开心。"她这么说不是为了找借口，而是对人际关系的一种冷静观察。换一种方式来理解，这句话蕴含的建议是：不要想当然地看待问题，沮丧感和缺乏自信会让人变得语无伦次。当人们做出恶劣行为时，受到影响的人是他们，而不是你。

这个建议对我十分受用，让我变得不那么敏感过激，能够坦然面对别人的激烈情绪，把犯错者视为复杂的整体，而不是十恶不赦的坏人，学会以同理心待人，对人们的（错误）行为感到好奇而不是厌恶。从这个角度看待问题十分有利于我的心理治疗工作。但是走出办公室之后，我就没办法表现得那么成熟了。

我的诊所经历

我想起最近有一次去诊所的经历。那天排队的病人很多，我注意到年轻的接待员态度非常亲切。她总是一脸微笑地应答患者，耐心地帮他们复印保险卡，填写相关表格。

但是轮到我时情况却不同了。她的态度出现了明显变化，两眼盯着电脑目不斜视，声音变得机械僵硬，就好像我欠她一大笔钱一样。为什么对别人都亲切有加，对我却如此冷淡漠然？这件事让我翻来覆去也想不明白。

我对她的失礼感到生气，很想直言不讳地说："我是不是哪里招惹你了？"还想说："你知不知道有些病人问题很严重，测试结果会把他们吓得半死，难道你不应该对所有患者（当然也包括我在内）态度好一点吗？"——不过我只是心里想想，并没有说出口。

大概一小时后，我在诊所外的停车场又碰到了这个女孩。当时是午餐时间，她也来停车场取车。一看到我，她马上直直地冲了过来。我想她肯定是来向我道歉的，老实说我真是不想再见到她了。

跑到我面前，这个女孩低着头说："勒纳医生，你的书对我影响非常大。去年读了《愤怒之舞》[㊀]（*The Dance of Anger*）这本书后，我的生活被彻底改变了。刚才在办公室看到你，我紧张得连话都不会说了。我看起来肯定特别傻，没想到会这么荣幸见到你"。

"我也很荣幸。"说完，我们握了握手，然后她才转身朝自己的车走去。我心里暗想："这次可真是把人给想歪了。"

这件事给我的经验是什么？显然不是举止粗鲁的人都是我们的秘密粉丝，而是想告诉大家，我们时常会误解他人的行为动机。在缺乏事实佐证的情况下，我们总喜欢主观臆想（"她是不是听过关于我的坏话？知道我的家丑"）和钻牛角尖（"谁都活得不容易，为什么总有人跟我过不去"）。我们总喜欢盲目分析和瞎琢磨，殊不知人类在这一迥异于直觉的领域并不擅长。

"我真的不明白！"

当得不到对方的道歉，不明白为何会受到伤害时，受到伤害的一方往往会说：

㊀ 本书已由机械工业出版社出版。

“我就想知道他怎么能这样对我？然后就能既往不咎了。”

“她到底是怎么想的？她怎么能面对自己？她究竟有没有想过这个问题？”

“一个爱我的人怎么会做出这种事情？”

这些复杂难缠的情形该怎样解释呢？它不光涉及来自陌生人的粗鲁无礼，同样涉及来自亲密人际关系的伤害行为。为什么对方会抛下我们不管不顾，无法保护或帮助我们，或是做出如此伤天害理的事情呢？对于这些谜团，就连不会说话的小孩都会感到困惑不解——“是不是因为我太好 / 太坏 / 太漂亮 / 太丑 / 太特别 / 太没用 / 太依赖人而无法满足父母的需求？”

对于来自家人的伤害，儿童很早就开始从中寻找其行为意义。通常，他们会通过自责式的想象来为父母的错误行为开脱。儿童既有强烈的公正感，又有突出的宽恕意识，会对自己依赖和热爱的人（所犯的错误）轻易做出原谅。

在成年人际关系中，我们仍会被同样的问题困扰。“一个爱我的人怎么会做出这种事情？”——这个问题会让我们回想起自己痛苦的过去，比如选错朋友或人生伴侣带来的灾难。喜欢回忆过去倒不是因为我们内心潜在有受虐狂的倾向，而是因为我们希望通过爱、善意、苦难，以及圣徒般的耐心和宽容来改变对方，以此方式治愈以往的伤痛。只要我们足够努力，或许痛苦的过往会有不同的结局。即使达不到这个目的，这样做或许能让我们搞清楚犯错者为什么会这样做。于是，我们便开始对以往念念不忘了。

边缘型人格障碍

现如今，人们都喜欢对难以应付的人际关系分门别类，用时髦的心理学术语进行概括分析。我在咨询办公室就见过不少这样的人，如释重负地向我介绍他们的各种新发现。他们掏出读过的心理读物对我说个不停，母亲是边缘型人格啦，妹妹是自恋型人格啦。

这些标签确实“有用”。心理分析可以让受到伤害的一方心安理得地摆脱自己在问题中的责任——你看，某某人格障碍都是这样，怪不得他们会这么做，怪不得他们无法痛改前非！心理诊断标签还会让人产生群体感。你小时候经历的事情并不是令人羞耻的孤立个案，原来有类似成长经历和相同诊断结果的孩子多得是。

对受到伤害的一方来说，这种诊断标签可以用来解释甚至证明家庭成员错误行为的合理性，就好像可以用脑肿瘤来说明一个人会突然中风一样。其实大部分心理学标签既不能作为人们犯错的借口，也不能说明这种行为有什么合理性。

我认为它们不是分析人类情绪反应的手段，绝大多数心理分析甚至是弊大于利的。

尽管如此，我发现为犯错者贴上心理分析标签的确可以减轻受害方的痛苦感受——“哦，怪不得她会这么做！原来这是一种精神障碍。”说到这儿得提一句话糙理不糙的俏皮话：有时候要想原谅他人的错误，首先你要理解对方到底有多蠢。

与诊断分析和心理标签相比，更有价值的做法是了解对方的家族史和成长经历，明白焦虑和羞耻感是怎样逼迫好人做出坏事的。作为心理学专家，我的工作关注的是如何帮助人们从更广阔和更客观的角度理解家庭成员的行为，其中包括对他们的优点和缺点的认知。这是因为我们每个人都同时具备这两个方面。

了解几代人的家族史，学会从历史角度看待问题，意识到每一种行为模式的存在，可以改变我们对家庭成员行为方式的理解。当我们用这把放大镜把问题放大之后，同情心就会战胜愤怒感，这样才能帮助犯错者对其行为负责。学会居高临下地看待问题非常有帮助，哪怕选择不原谅对方，使用这种方法也有助于我们更好地理解问题的实质。

对与错的天平

希望了解犯错者的动机只是问题的一个方面。当受到伤害的一方愤愤不平地说“为什么会这样”时，其中也隐含了另一层含义，希望不知悔改的犯错者也能体验到自己所受的伤害，这种气愤和冲动可以说是人之常情。

来访者阿曼达向我寻求咨询时就是这种感觉：“我是无辜的，我才是受害者”。两年前，她的同性未婚妻梅根未做任何解释便毁掉了婚约。此前，两人一直在苦盼同性婚姻合法化的到来，她们不仅发出了婚礼邀请函，甚至连婚礼安排都做好了。分手时，未婚妻的理由很老套：你人很好但我爱的不是你，你可以找到比我更好的人。然后，对方再也不和她联系了。阿曼达内心的愤怒可想而知，她希望看到梅根受到惩罚，无论是今生还是来世。哪曾想，对方很快就投入到新的恋情中，没有一点儿懊悔的感受。

始料未及的损失是我们最难应对的损失。有时候，我们最让人感到痛苦的是犯错者根本无须付出任何代价。阿曼达在和未婚妻分手两年后向我寻求心理咨询时，她的心中还是会时常泛起痛苦的回忆。尽管不算频繁，但往日的经历仍会不时浮现，让她不得不一次次面对痛苦，产生巨大的压抑和愤怒。

当犯错者拒不承担责任时，我们的大脑会反复强化委屈愤怒的感受。（“虽然我们离婚了，你怎么能这样对待孩子？”）尽管愤怒感的产生合情合理，但是它们不会引发积极的问题解决方式，只会让我们陷入负面情绪中，辗转难眠。

但是如果能客观冷静地看待憎恨的对象，让内心的愤怒感逐渐消退，我们有可能发现完全可以从新的角度来思考和解决问题。只不过和放下内心重负继续前行相比，有时候沉浸在愤怒情绪中无法自拔要简单容易得多。

令人苦恼的执念

有时候，我们就是无法放下愤怒感。这倒不是因为我们喜欢自我折磨，哪怕这种负面感受早已像枯藤一样把我们牢牢束缚。更重要的是，尽管我们毫无意识，但时常回味痛苦的做法至少可以从以下四个方面加以理解。

首先，展示对方的伤害可以是一种变相的报复方式。当受到伤害的一方开始振作起来重新生活时，那种感觉就像原谅了曾经伤害过我们的人，其中的潜台词是："看，我现在过得多好，你当初那些伤害算得了什么？"

其次，保持对犯错者的愤怒可以保护其他人际关系或更为重要的人际关系。例如，你总是对儿媳妇的粗鲁无礼感到愤怒，这样就不用对儿子的消极被动感到生气，因为他在你如何对待儿媳妇的问题上毫无责任。你从不对父亲乖张傲慢的行为感到愤怒，却会因为兄弟没有参加父亲的葬礼和他们断绝关系。你总是责备前妻酗酒之后在照顾孩子方面不负责任，是因为这样可以让自己摆脱教子无方的骂名，是因为知道换做是你照顾孩子，也会招来前妻的不满。换句话说，只要能够保护对我们来说更为重要的人际关系（包括和自我之间的关系），我们就很难忘记针对某人的负面感受。

再次，我们不愿放下愤怒感，是因为这是一种可以和伤害我们的人保持精神联系的方式。愤怒和爱恋一样，都是非常强烈的精神羁绊，尽管前者属于负面感受。愤怒和爱恋可以让我们在精神上接近一个人，这就是很多夫妻虽然在法律上已经离婚，但是在情感方面仍剪不断理还乱的原因。如果作为夫妻分开多年之后，你还是无法心如止水地在电话里或面对面地和前任沟通，这表明你仍有很深的执念。

最后，沉迷于愤怒的内心对话可以让我们在幻想中寄希望于未来——说不定哪天犯错者会幡然醒悟，意识到对我们造成的伤害呢？其实这种做法不过是自欺欺人罢了，难道仅凭一厢情愿的想象，就能让对方对我们的痛苦感同身受吗？就像下面卡特里娜的故事一样，尽管明知毫无希望，很多时候我们还是很难放弃这种幻觉。

离婚带来的问题

我在洛杉矶为心理咨询师举办讲座时，曾为卡特里娜做过三次咨询，下面来说说她的经历。

卡特里娜已结婚 15 年，丈夫在经营科技企业取得成功后却离开了她。她对丈夫的工作和爱一直都坚定无私，甚至放弃自己的工作在家抚养女儿，帮助丈夫把所有时间精力都投入到工作中。三年前，就在她向我寻求心理咨询帮助之前，丈夫坚持决定把家从芝加哥搬到洛杉矶，以寻求事业机会的更大发展。卡特里娜虽然很不情愿，但最后还是同意了。

搬家八个月之后，这个负心男申请离婚，和一家大型广告公司的营销总监，一位年轻漂亮的富家女住到了一起。卡特里娜后来才明白，原来丈夫搬家到洛杉矶是为了和情人团聚，结束长达五年的地下情，这一切都是他早就计划好的。申请离婚时，这个男人聘请了洛城最有名的律师打官司，最后签订的离婚协议所给的补偿远远低于卡特里娜应得的数目。

至于他们 10 岁的女儿安娜，现在开始迷恋父亲的新女友，喜欢住他们在好莱坞区的豪华大屋，里面不但有游泳池，还有超大的娱乐室。新女友还买了一只小狗，让安娜爱不释手。后来，女儿干脆对母亲说想留下来陪着小狗。卡特里娜越说越伤心。

卡特里娜简直恨透了洛杉矶，要不是因为女儿，她真想马上回到芝加哥，那里有她的朋友和姐妹。她想向我咨询的是，怎样才能放下内心对前夫的极度愤怒和憎恨。现在卡特里娜有了新工作，也认识了几个新朋友，但是每次一想到前夫，想到他和新欢的幸福模样，想到他们让女儿恋恋不舍的豪宅，想到这个男人精心策划的各种谎言，她内心的怒火马上就会喷涌而出。

卡特里娜说，想找一种方式“原谅前夫，继续生活下去”，却总是做不到。用她自己的话说，其中的原因是：“我感觉受到了极大的冒犯，被伤得体无完肤。不幸的是，我根本没办法告诉别人这种伤害有多深。老实说，我真希望他对我动粗，有身上的伤痕作证，我就可以让他付出代价。”

如果真是那样，她就可以带着一身伤痕走上法庭，面对律师、法官和陪审团诉说自己的不幸，让每个人都看清楚这个男人的恶行，让对方的律师狼狈败诉。

我终于听明白了，卡特里娜已经沉浸在这些悲惨想象中无法自拔了，因为只有在幻想的法庭上她才能发出呐喊和控诉。在幻想的法庭上，前夫会被迫面对自己的残忍和妻子的伤痛，承认对她的伤害、欺骗和薄情。最后，这个男人会被判入狱，名誉扫地，面对公正的审判和赔偿，再也无法欺骗朋友和女儿，再也无法自欺欺人。这些想象是如此真实，在卡特里娜脑海中反复浮现，以至于法庭上的每一个微小细节都变得栩栩如生，甚至可以看到陪审团脸上的同情和震惊，看到前夫面对镜头羞愧得掩面不语，看到法庭照片被刊登在《洛杉矶时报》上，闹得满城风雨。这一幕幕就像好莱坞电影一样，最终彰显出真理和正义，让这个弱女子转败为胜。对卡特里娜来说，这些镜头在脑海中已经浮现了何止千万遍。

不幸的是，这些场景的每次浮现虽然会带来短暂的稍许安慰，也会用不切实际的幻觉牢牢地把她束缚住，让她愈发痛恨前夫的所作所为，然后愈发想要摆脱这种痛苦。卡特里娜以为通过这种方式可以让自己忘记过去，释怀痛苦，没想到却让自己陷得越来越深。

“要是不让他看到对我的所作所为和带来的痛苦，我就没办法原谅他。”——这些话我不知听过了多少遍，很多经历过离婚痛苦的男女都会陷入这种疲惫不堪的人际关系无法自拔，当身边无人倾诉或无人能理解痛苦时，这种问题会变得更加明显。

◇ 我的反馈

卡特里娜想要的帮助是，究竟有没有办法可以让前夫意识到对她造成的伤害。她觉得，一封措辞得当的信件，坐下来向前夫倾诉一番，找到新女友当面对质或是在报纸上发文控诉，通过这些方法也许可以让对方幡然悔悟，然后自己才能把过去放下。值得一提的是，卡特里娜从没想过在安娜面前说父亲的坏话，通过离间父女关系的方式来发泄怒火，这一点对很多经历过离婚痛苦的人来说很不容易。

不得不说，卡特里娜在外界面前还是很好地保持了镇定和风度。她一如既往地工作生活，努力照顾好自己的女儿。面对纷至沓来的打击和欺骗，她当然会感觉身心疲惫。卡特里娜希望得到人们的同情，希望内心的情绪得到宣泄，这些都很正常。我们每个人都是这样，童年时代未曾修复和拒绝承认的伤害，都会让成年后的痛苦和现实生活中的困惑变得变本加厉。

我的回答对卡特里娜来说或许很难接受，她的前夫永远不会明白自己的错误，永远也不会做出弥补。任何人际关系专家，包括我自己在内，都不能迫使这个男人意识到自己的错误或是感到内疚。如果卡特里娜愿意，她可以一辈子沉浸在虚幻的法庭审判中无法自拔。但问题是这样做并不能迫使对方承认错误，并不能让自己摆脱负面情绪。实际上，她并不需要原谅对方的行为，认为只有这样才能让自己远离痛苦。

两年之后

后来，我向卡特里娜推荐了当地另一位心理治疗师。这位治疗师有丰富的经验，是一位出色的聆听者，同时也是眼动脱敏与再加工疗法的专家。眼动脱敏与再加工疗法是一种较为有效的疗法，它能很好地缓解创伤经历对患者的情绪影响，带来比较理想的心理减负效果。

几年后我收到了卡特里娜的邮件，她的情况得到了很大的改观。一方面，治疗师对她的心理情绪的认同和接受极大缓和了她的愤怒感受；另一方面，眼动脱敏与再加工疗法也帮助她逐渐放松心情，把痛苦感受慢慢忘在脑后。此外，治疗师还开了一些药物帮助她缓和紧张的神经系统，使她不再纠结于那些不切实际的幻想。卡特里娜开始练习慢跑，调整饮食方式，做日光浴并补充睡眠，对自己呵护备至。这些良好的生活方式加上时间的淡化，最终会帮助她忘掉过去。

此外，卡特里娜还报名参加了为期两天名为“学会原谅”的心理辅导班。无论从时间还是金钱的角度来说，这都是一笔明智的投入。在辅导班上，老师教导学员正确认识愤怒感的长期存在，设计了七个练习来逐渐寻找内心的平静，其中包括拥抱犯错者，向对方送上自己的爱和祝福。

卡特里娜说“原谅对方”那节课她没上，这部分内容她可能做不到。不过辅导班传授的其他内容挺有用，至少没花冤枉钱。直到现在她还经常练习其中的部分内容。

首先，她意识到人际关系不是竞争性的。不是说谁先退出或谁得到的好处最多就是赢家。其次，她意识到，从某种程度上说，前夫也不见得开心。因为喜欢欺骗和轻视他人的人在内心深处并不幸福，他们的内心永远都在挣扎矛盾。最后，卡特里娜意识到，尽管不时仍会嫉妒憎恨前夫眼下的“美满生活”，但她并不想成为那种人。她不愿像前夫那样不择手段，这表明卡特里娜有着良好的人格和自尊，这些美德是多少金钱也买不到的。

卡特里娜说这些对她来说其实并不是新发现，这句话没错，我们需要了解的很多东西其实都是老生常谈。只不过观念虽然是老的，我们却必须清楚怎样在更深的层次上加以应用。

知易行难

当然，并不是说因为潜意识里希望犯错者认识到对我们的伤害，因为这样能继续维持我们的人际关系，或是因为可以寄希望于犯错者有朝一日能够痛改前非，所以才暗示我们应保留愤怒感。实际上，这些负面情绪并不会完全被我们控制。我们不可能一觉醒来，自信满满地对自己说："啊，今天可以把所有愤怒痛苦都彻底放下了。"

很多心灵鸡汤式的图书、博客和论坛都承诺可以让人们摆脱痛苦，殊不知痛苦和煎熬和幸福快乐一样，都是生活中不可或缺的组成部分。要想避免来自人际关系的伤害，唯一的办法是蜷缩在黑暗角落保持沉默。除非一辈子不和人打交道，只要与他人互动，伤害就一定存在。同样的道理，只要不是在狼群中长大的孩子，在家庭成长过程中伤害也一定存在。这个世界就是这样，总有人行为恶劣且从不道歉，不会修复人际关系也毫不顾忌他人感受。

如果希望忘记过去，有很多办法可以帮助我们实现目标。心理治疗、冥想、瑜伽、宗教、灵性修炼、健身、写作、艺术创作、呼吸放松练习、义务劳动，这些都是很好的方式，能有效帮助我们停止自怨自艾，学会内心平和地活在当下。

如果伤害你的人既不承认错误也从不修复人际关系，你该怎样平复内心的愤怒情绪呢？这个棘手问题的答案其实非常简单——怎么有效就怎么来。你可以寻找具体的应用策略、治疗方案和适合自己的新观点，或是换一种对自己有用的新型思考方式。要知道，当你苦苦纠结于前夫（或是其他伤害过你的人）对你的种种伤害，恨不得整天以泪洗面时，对方说不定正在海滩上优哉游哉呢。你说你不赶紧恢复正常生活，跟自己较劲又有何益呢？

对受到伤害的一方来说，最难接受的是犯错者可能永远都不会道歉，永远都不会客观地看待自己，永远都不会敞开心扉聆听他人的感受。要想放下愤怒和憎恨，我们必须放弃改变过去的幻想，放弃假设未来的念头。只有做到这些，我们才能赢得当下，慢慢摆脱愤怒感对自己的侵蚀。

Why Won't You
... Apologize

第 12 章

真诚道歉的力量

“对不起”是人类语言中最有治愈力量的话语。当我们发自肺腑地做出道歉时，这三个字能有效缓解我们对他人造成的伤害。道歉可以让受到伤害的一方摆脱心魔，远离愤怒和痛苦的困扰。这样做相当于我们体会到了对方的感受，愿意对自己的语言和行动（包括不作为或保持沉默）承担全部责任。真诚的道歉可以给对方缓和情绪的空间，从而为化解伤痛创造机会。

为错误做出道歉对我们自己来说也是一种解脱。一个人的自尊感和成熟程度取决于能否客观地看待自己，能否意识到个人行为对他人造成的影响，以及（在犯错时）能否发现对别人带来的伤害。真诚的道歉能为我们赢得对方的尊重，尽管很多时候我们总是担心这样做会适得其反。

真诚的道歉还有利于人际关系的维护。两个人吵得再厉害，打得再凶，只要善于道歉，就不怕人际关系会无法挽回。因此，我们必须有能力反思自己的行为，善于聆听对方的感受，并愿意尽最大努力去改变错误，只有这样才能巩固周围的人际关系。

失败的道歉

真诚的道歉可以治愈精神伤痛，虚伪的道歉则适得其反，会让人际关系变得急转直下。下面就是一个很好的例子。

来自得克萨斯州的苏珊今年 30 多岁，最近给我打电话寻求心理咨询，她和妹妹玛丽塔几乎一年没说过话了。她很担心这种情况会继续下去，因为亲人反目成仇的情况在这个家族并不罕见，她很清楚因此造成的代价有多大。

对于事情的经过，苏珊是这样描述的：去年在为母亲举行葬礼的那天晚上，苏珊喝了很多酒，对玛丽塔说了不中听的话。她的这番怒火，一方面源自母亲去世造成的内心伤痛，另一方面是对妹妹的迁怒，因为玛丽塔生活在千里之外的另一个城市，几乎从未尽过照顾母亲的义务。

那天晚上，苏珊指责妹妹不尽孝道，只顾着分财产。第二天酒醒后，苏珊感觉非常惭愧，没有勇气向玛丽塔做出道歉。对于自己的行为，她只说了一句："昨天晚上我喝多了。"

玛丽塔回家之后，不再和苏珊联系了。尽管后来苏姗曾很多次道歉，但妹妹一次也没有做出回应。面对玛丽塔的冷淡反应，苏珊反过来觉得自己成了受害者，开始埋怨妹妹不近人情，不肯原谅自己。

问清苏珊的道歉细节之后，我终于明白为什么她会陷入如此尴尬的处境了。苏珊在羞辱妹妹之后并没有在第一时间做出道歉，这是其一；其二，后来她所做的道歉都是空洞的，丝毫没有表示要对自己的错误指责承担责任。

苏珊的道歉是这样的：

> “那天晚上我的话很难听，对不起，让你委屈了。”
>
> “让你感觉很难过是我不对，可你知道我是爱你的。”
>
> “那些话破坏了我们之间的感情，真对不起。”
>
> “那天我喝多了，说了不该说的话，请原谅我。”

这些道歉的表达有什么问题吗？我觉得到处都是问题。尽管苏珊的道歉声泪俱下充满感情，但并没有提及自己应负的责任。对于自己的错误指责，她从未直接明确地表示过内疚和忏悔。她没有在第一时间放低姿态，做出下面的真诚道歉：

> “玛丽塔，昨晚说出那些伤人的话，我心里后悔死了。我不指望你马上原谅我，因为我自己都觉得无法原谅。我只想说那些话是对你的无端指责，是毫无根据的。我只能保证以后绝不再说这种伤人的话，绝不再因为自己情绪不好就怪罪于你。这次所犯的错，我没有任何借口逃避责任。”

经过电话辅导，苏珊决定给妹妹写一封亲笔信，为自己的错误明确承担责任，对先前的伤人话语和虚伪道歉表示懊悔。自从一年前母亲去世之后，这封亲笔信是苏珊第一次做出真诚道歉，第一次表示愿意为此承担责任。无论玛丽塔是否接受，这份道歉都具有重要的意义。先不论妹妹会怎样回应，苏珊的正确做法首先让自己获得了心灵上的解脱。

做出真诚道歉的风险在于，我们并不知道对方会做出怎样的反应，这一点是无法控制的。换句话说，做出道歉无异于迈向未知，接下来的一切都是不可预知的。后来我听说，苏珊姐妹又开始沟通了，尽管两人的关系仍有些别扭和疏远。在从事心理咨询工作的职业生涯中，我发现很多子女都会因为照顾老人、处理父母过世等问题闹得不欢而散。在照顾老人的问题上如果道歉不够真诚，最后往往会造成非常严重的后果。同样，父母去世也会让家庭成员之间的关系受到严峻考验。

我希望苏珊能遵守承诺，继续和妹妹展开对话，同时注意不要落入自我保护的错误模式。另外，我也希望玛丽塔能做出让步，不再对苏珊冷漠无言。毕竟，姐妹感情是最重要的，为此老死不相往来对谁都没有好处。其实我们自己也是一样，在面对家庭关系时都不能孤立自我。如果和家庭成员断绝关系，对方就会成为我们内心最大的梦魇。

两个例子

在结束本书之前，我想分享两个不同的道歉案例。第一个案例中的道歉十分简短，涉及的是自行车被偷的事。第二个案例是我的亲身经历，说的是我向一位好友做出的道歉。

◇ 案例一：两个陌生人之间的简短道歉

我的朋友瑞克住在堪萨斯市，最近他的自行车被偷了。这件事虽然气人，但跟别的偷车案不同的是，结果却有些感人。在写给我的邮件中，瑞克描述了事情的经过：

> 早上四点起床后，我吃惊地发现周末度假要用的车被偷了。后来出门时，我暗自希望小偷会发善心，把车子停回到车棚——结果空空如也。就在这时，我发现在门口的车道上停着一辆车，正是我那辆被偷的自行车。看来我的祈祷还挺灵验。

更让人意外的是，我在车座上发现一张手写的字条。这位小哥看起来没怎么上过学，字条上写着："很抱歉借用了你的车，是我酒喝多了办蠢事。不敢当面道歉，只好给你写张字条。"这个故事让我挺感动，因为偷车贼在道歉时明确表示懊悔并愿意承担责任。注意，他写的是"是我酒喝多了办蠢事”，而不是推卸责任的“我喝醉了，这事不能怪我”。

同样，写这张字条的人并不奢望修复人际关系，因为两人本来就互不相识。人家也没想过要得到车主的原谅。换句话说，这份道歉不会给他带来任何实际的好处。实际上，返回作案现场归还财物的风险极大，对他来说甚至是得不偿失的做法。

其实，无须成为道歉专家，我们也能分清对方的“对不起”是否发自肺腑，是否真心实意地想要改正错误。这张字条之所以让我感动，是因为它让我意识到，有时候道歉行为背后的唯一动机是维护一个人的诚信，让犯错者和自我内心的关系得到修复——就像这个小偷一样。

◇ 案例二：放下自我，关注对方

茜拉和我是多年的老友，前一段邀请我去纽约参加她的图书发布会。这次邀请对我来说时间不巧，当时从堪萨斯到纽约的机票也很贵。尽管不便，我还是答应去参加，因为这是她第一本书的发布会，具有非常重要的意义。

到达会场后我发现，除了茜拉之外我只认识一个人。这个人叫布兰切，是某杂志的高级主编，我曾在这份杂志长期担任专栏作者。熟人见面话多，我和布兰切坐在角落里聊了近两个小时，根本没意识到时间会过得那么快。结果，我们两人都没注意到全体宾客到另外一个房间举杯庆祝了，我们是在半途中才加入的。

发布会结束后我就回家了，晚上茜拉给我打电话，我本以为她要感谢我不辞辛苦去参加发布会，没想到她是对我的行为表现感到不满，觉得自己受到了伤害。用她的话说，我怎么能跟其他人聊那么久，竟然忘记跟自己的老友打个招呼呢？难道我不知道在场很多来宾都读过我的书，非常渴望见我一面吗？我怎么能只顾着聊天，竟然没发现庆祝仪式在另一个房间举行呢？我的做法不但让她的朋友感到失望，甚至让茜拉感到难堪。

这番话让我彻底懵了，真没想到她有这么多指责。我可是推掉一切安排，买了价格不菲的机票去参加你的图书发布会，你不领情就算了，还反过来说是我把图书会搞砸了。这些指责似乎有些夸大其实，所以我很自然地出现了自我保护心理："对不起，可是……"

我说的是："对不起茜拉，可是你为什么不早点把我（从聊天中）拉过来，告诉我你的想法呢？"

"那不是我的义务。"茜拉一句话顶了回来。

"我没说那是你的义务，只是说如果你跟我提出来，我当然乐意跟大伙儿打个招呼。"

"我又不能告诉你该怎么做，我又不是你的监工！"

茜拉的语气更火了，我的自我辩解无异于火上浇油。

我也有点生气了，为什么茜拉意识不到在这件事上我们双方都有责任呢？直接告诉我想把我介绍给她的朋友，这件事原本再简单不过，怎么会变成现在这样的结果呢？再说，如果知道庆祝仪式已经开始的话，我当然会在发布会上露面并表示祝贺。茜拉的幼稚之处在于，她没有找我说清原委，而是大部分时间都坐在那里生闷气，就好像我的粗心大意让她成了受害者，所以才有理由反过来指责我。她没考虑到我费钱费力来纽约有多麻烦，这件事让我挺生气，在这件事上她没有意识到自己不对的地方让我更生气。于是，在通话结束时我做了一个虚伪的道歉："我跟布兰切聊天的事让你感到不舒服，真对不起。"

又过了几天，等愤怒情绪消退后，我的自我保护心理开始消失。茜拉鼓起勇气又和我谈了一次，这一次她希望我听听她的看法，不要急着做出反击。和我分享她的愤怒和受伤感受并不容易，茜拉这样做等于在暴露自己的柔弱伤口。至于我觉得这些感受是否合情合理并不重要，重要的是，它们是茜拉的真实感受。

我以前总觉得在处理人际关系时（无论是跟我还是跟其他人），我的好友们应当学会如何用不同的方式来解决问题。后来我意识到这样想其实是我不对，这大概是我对人际关系模式看得太透的不利之处。茜拉有很多优点，唯一的缺点是意识不到自己在人际关系危机中发挥的作用。我在电话中的回答，在她听来不是道歉，而是反过来在指责她。或者说至少，我想让她明白我的感受是怎样的。

几天后我给茜拉打电话，向她做出真诚道歉。这一次我没有找借口，而是仔细询问茜拉的感受，询问她的朋友对我有多么失望。我对自己造成的伤害表示歉意，在如此重要的场合犯错的确让人感到愤怒和失望。我说会认真思考她对我说的话，实际上，坐在一边只顾和别人聊天根本不是借口，这完全是考虑不周的自私行为。冷静之后的我的确是这样想的，这是茜拉的图书会，是她的重要日子，结果却被我搞砸了。

道歉之后，我私下里当然希望茜拉会这样说："算了，这件事我也有不对的地方，也应当负一部分责任。"但这个念头只是一闪而过。真诚的道歉只关注对方的受伤感受，不强调道歉者会得到怎样的回报，比方说对方的原谅，或是在这个案例中让茜拉意识到自己不对的地方。

学会做大度之人

学会大度，并不是说面对无理过分的要求屈服退让，也不是说要对无须负责的事情道歉，而是说要对别人的缺点和错误保持宽容。处于密切人际关系中的双方，都希望对方关心自己的受伤感受，而不是反过来在伤口上撒盐。想想看我们身边的重要人际关系，难道不都是这样的吗？

真诚道歉意味着对人际关系的重视，意味着勇于承担自己在错误中的责任，从不逃避退缩、从不找借口，也从不责怪他人。有时候这样做会显得（对自己）不太公平，但重要的是它能很好地维护人际关系，让对方感到快乐满足。说到底，我们应当学会接受所爱之人的缺点，就好像我对茜拉那样。哪怕对方的感受夸大其词，我们也能足够冷静成熟地对自己不对的地方做出诚恳道歉。如果不首先放下身段，对方就很难意识到自己在问题中的责任。

总之，我们要学会跟随内心，不要让激动情绪左右。这样做虽然很难，但绝对值得尝试。勇于道歉，善于运用智慧明辨人际关系是非，无论对企业领导、夫妻关系、子女教育、朋友情谊、个人品质还是与人交往，都具有重要的指导意义。从这个角度来说，我认为再怎么强调也不过分。

致　谢

首先要感谢 Marcia Cebulska、Jeffrey Ann Goudie、Emily Kofron 和 Caryn Mirriam-Goldberg 的认真编辑、不懈支持和重要反馈，没有你们的帮助，我肯定无法完成本书的写作。

感谢 Marianne Ault-Riché、Shirley Bonney、Doris Jane Chediak、Julie Cisz、Ann Kuckelman Cobb、Debbie Frederick、Robert McAllister、Rabbi Fred Reiner、Sheila Reynolds、Marian Sandmaier、Rabbi Debbie Stiel 和 Stephanie von Hirschberg 等人对初稿部分内容的润色，以及在写作过程中为我提供的电话帮助。此外还要感谢 Tom Averill、Carolyn Conger、Judie Koontz、Susan Kraus、Alice Lieberman、Libby Rosen、Karen Rowinsky 和 Ellen Safier 多年来对我的一贯支持。

Jo-Lynne Worley 不但是我的出版代理和经纪人，也是我的好友，我们自 1990 年起就开始合作。她对我的工作一直给予坚定有力的支持，对此我必须表示诚挚的谢意。Jo-Lynne 在工作和生活中的伴侣 Joanie Shoemaker，也为本书的写作提供了重要的编辑帮助。

我很幸运本书能够在Touchstone/Simon & Schuster出版。本书编辑Michelle Howry为我提供了热心的建议和帮助，Lara Blackman在最后的出版阶段投入了大量的时间和精力。此外还要感谢Tara Parsons、Anne Jones、Pete Garceau、Cherlynne Li、Linda Sawicki、Kelsey Manning和Shida Carr等人为本书无私地献计献策。更为幸运的是，我有机会和Touchstone出版社总裁兼出版人Susan Moldow一起合作。多年前，在我的写作事业陷入低谷时，是她的丈夫Bill Shinker助我一臂之力，最终帮我踏入图书出版行业。众所周知，他们夫妻两人堪称出版界的成功楷模。加盟Touchstone出版社对我来说如虎添翼。

我和丈夫史蒂夫是20世纪60年代末在纽约城市大学临床心理学专业读博时认识的。这么多年来，我们作为工作和生活中的伴侣，这对我来说是非常可贵和弥足珍惜的。他对我的每一部作品都提出过宝贵的编辑意见，我对他的全面支持表示衷心感谢。

我们的儿子马特和本，从小就是我的写作素材，长大后更是我时常寻求咨询的对象。除了对技术领域的精通，马特还擅长把棘手的工作沟通问题变得简单明了，这种能力让我受益匪浅。小儿子本在我写作第一本书时尚在襁褓之内，现在已成为知名作家，为本书手稿提供了中肯的批评建议。这两个孩子让我深感自豪，本书就是献给他们和他们的妻子儿女的。

我要向遍布各地的热情读者表示感谢，感谢你们的热心支持和无私回复，让我在写作生涯低谷时仍然坚信付出一定会有回报。还要感谢接受过心理咨询的来访者，感谢你们的信任，让我得以在书中分享你们的故事。感谢你们的巨大勇气，为我的写作不断提供灵感。可以说，没有读者就没有本书的出版。

最后我要感谢 Brené Brown，她对心理学作品的关注和支持吸引了无数新读者的参与，她在研究和写作领域的杰出贡献令人仰慕。关于原谅和信任重建等课题，Janis Abrahms Spring 的作品为我的写作提供了重要基础。关于有效道歉，Aaron Lazare 和 John Kador 的作品是我的经典读物。此外还要感谢 Susan McCarthy 和 Marjorie Ingall 就本书内容进行的在线讨论。

在多年的写作生活中，有太多的朋友和个人为我提供过帮助。他们丰富了我的思想，鼓励我继续写作，无私地投入时间精力和我进行讨论，在此我必须向他们致以谢意。有这么多朋友、家人和同事的支持让我深感荣幸，应了那句老话："欲成事者须群策群力。"有这么多人值得感谢，这一点让我内心充满感激。

注　释

第 1 章

1 参见 *New Yorker* 杂志漫画，作者 Zach Kanin。

第 2 章和第 3 章

14 涉及公众和政治领域的成功或失败的道歉，参见 Aaron Lazare 的作品 *On Apology* 和 John Kador 的作品 *Effective Apology*，以及 Susan McCarthy 和 Marjorie Ingall 的个人网站 SorryWatch.com 和推特账号 @SorryWatch。

27 参见 Maggie Nelson 的作品 *The Argonauts*(Minnesota: Graywolf Press, 2015）, p. 98。

33 参见 Carol Tavris 和 Elliot Aronson 的合著作品 *Mistakes Were Made*（but Not by Me),（New York: Mariner Books, 2015）。

33 参见 Gary Chapman 和 Jennifer Thomas 的合著作品 *The Five Languages of Apology*（Chicago: Northfield Publishing, 2006）。

第 4 章

36 凯瑟琳和小迪的故事参见 *The Dance of Connection*（New York: Harper-Collins, 2002）。

第 5 章

54 关于韩国人在公众领域的过度道歉现象，参见 Ed Park 的文章“Sorry Not Sorry”，*The New Yorker*, October 19, 2015。

63 关于放弃完美主义，参见 Brené Brown 的作品，包括 *The Gifts of Imperfection*（Minnesota: Hazelden, 2010）。

63 “While guilt is about *doing*, shame is about *being*.” Helen Block Lewis 在其经典作品 Shame and Guilt in Neurosis 中明确提出：“内疚关乎人的行为，羞耻关乎人的品性。”（Connecticut: International Universities Press, 1971）。我的近期作品涉及克服羞愧感的书包括 *The Dance of Fear* 和 *The Dance of Connection*，另见 Brené Brown 的作品 Rising Strong、Daring Greatly 和 The Gifts of Imperfection。

67 关于如何扩大犯错者的自我价值平台，鼓励他们承担责任，与好友兼同事 Julie Cisz 的对话对我很有启发。另外，Alan Jenkins 的作品 *Invitations to Responsibility* 以及 Rhea Almeida 及其同事的研究也很有帮助。关于羞耻感如何影响犯错者主动承担责任的问题，我的研究最早出现在作品 *The*

Dance of Connection 中有所体现。

第 6 章

90 参见 Ellen Wachtel 的作品 *We Love Each Other*, *But*...（New York: St. Martin's Press, 1999）, p. 85。

第 8 章

108 关于重要人际关系中的行为改变，参见我的作品 *The Dance of Anger* 和 *The Dance of Connection*。我在所有作品中的观点，都得益于 Murray Bowen 的家庭关系理论课程，Jean Baker Miller、Marianne Ault-Riché 和 Monica McGoldrick 等人的女性理论和相关心理治疗理论，以及 *The Women's Project in Family Therapy*（Betty Carter, Peggy Papp, Olga Silverstein,and Marianne Walters）。

117 参见 Ellen Wachtel 的作品 *We Love Each Other, But*...（New York: St. Martin's Press, 1999）, p. 14。

117 研究学者 John Gottman 认为责难、轻视、自我保护和拒绝沟通是“造成家庭关系灾难的四大主因”，会导致婚姻走向失败和灭亡。

第 9 章

126 莱蒂和金姆的故事参见 *The Dance of Connection*。

第 10 章

136 参见 Claudia Rankine 的作品 *Citizen: An American Lyric*（Minnesota: Graywolf Press, 2014）, p. 18。

138 参见 Janis Abrahms Spring 和 Michael Spring 的合著作品 *How Can I Forgive You?*（New York: William Morrow Paperbacks, 2005）。

138 关于拒绝原谅的内容，参见 Roxanne Gay 的文章 "Why I Can't Forgive Dylann Roof"。*The New York Times*, June 23, 2015。

139 关于原谅的影响力以及无条件的爱的精神力量，参见 Carolyn Conger 的作品 *Through the Dark Forest*（New York: Plume, 2013）, pp. 137-156。另见 Sharon Salzberg 的相关作品。Sharon Salzberg 是一位作者兼讲师，讲述内容主要是佛学中的关爱和同情他人的观点。

142 参见 Anne Lamott 的文章 "Have a Little Faith"。*AARP The Magazine*, December 2014/January 2015。

143 参见 Janis Abrahms Spring 在 *How Can I Forgive You?* 中的引文 p. 3。

145 感谢 Julie Cisz 在心理治疗过程中对鼓励原谅行为存在的问题所做的理论性阐述，以及对本章内容提供的帮助。